抗战时期重庆的报人群体生存研究

刘大明 著

人民出版社

目　　录

序　言

与大明兄弟读博期间相识于华中科技大学，初次见面，即生喜欢，我是很重第一眼缘的性格，大明兄弟神态气韵，敦厚但不乡愿，博学而无傲气，聊到一些可见读书人风骨、识见的史实或问题处，皆能“修辞立其诚”，既不含混而过或玲珑应之，又能从学问之道给出深刻独到的识见，甘坐冷板凳的功力与坚守学术本心的定力时时熠然呈现，这些都是我喜欢的品质与才华。这样一说，读书人身上与之相反的东西，我则深为厌恶。

离开华科后的日子里，相熟的朋友们天各一方，大明兄弟去了重庆教书，我又回到了南昌那个大学，几年后，一时脑热，又把自己安顿在一个南岭小城，目之所及，四周延绵的巍峨群山总让我触景生情，陷入沦落于“他乡谁堪共举杯”的孤寂落寞情绪中，再混杂着离家千里、活在尘世的不易感，我常会找大明兄弟网上唠嗑，深夜几点找他，他基本都在。

我俩在网上聊天的主题，一是嗟叹俗世百态，二是共勉个人情怀，快意处，也会一起骂骂都不喜欢的人和事，很有宣泄的快感，这种快感还源于我俩的观念与对人和事的评判，总是不需迎合对方就不谋而合地一致。差别是大明兄弟随意的聊天中，广博的史实与精辟的观点，每每让我感叹当年应该像他那样也读历史专业，然后多少有一点庆幸自己幸好本科中文，又一直没忘读点中文与人文思想经典类书籍，否则遗憾更甚。

王小波说：“人在年轻的时候，觉得到处都是人，别人的事就是你的事，到了中年以后，才觉得世界上除了家人，已经一无所有了。”改换一下他这句话，很能表达我近年来时常升起的一个感触：“人在少年的时候，觉得谁都可以交谈，谁都可以是朋友，大学校园里到处是人才，到了中年以后，才发现能交流的人越来越少，细一辨认，真正的人才真是少之又少。”为何有这一感触，可能人过中年后，交友开始带着固执的挑剔，注重对方品质、价值观与识见是否同类了，也可能是大半生见到的很多光鲜，其实是刀郎所唱的《罗刹海市》，了解了就是那么回事后，也就不想融入或迁就这个人间大戏台了。也开始理解有些人在变老的过程中，性格逐渐冷漠与不认可很多东西，同时更珍惜二三知己与真正的才华了。

前些日子，大明兄弟把他的《抗战时期重庆的报人群体生存研究》文稿给我欣赏，竟然还让我为他的大作作序，虽然我也算是不俗气的人，还是顿觉惭愧又感动。耿介、孤直、木讷又不合时宜的我，啥头衔成就都没有，哪有分量为朋友书稿作序，应该请有头衔有职务的大佬才对，反之，大佬才敢坦然为人作序，或者坦然以自己忙为借口，让弟子、后进们把序言写好，出版时署自己的签名即可。

万般推辞，大明兄弟依然坚定让我作序，他说他不在乎那些，也不喜欢那样，话说到这真诚的份上，再推辞就觉得对不起这分友谊与信任，可接受写序后依旧惴惴不安，再改换一下“文化是制度之母”这句话，那就是“文化是心理之母”，我们这种学术文化环境造成的大众心理，自然是头衔越大职务越高，学问也越大，品质也越神化，没头衔没职务却为书稿写序,读者自然会本能嘲笑。好在每当这种不安心理产生时,想到大明兄弟这部书稿的硬质量完全可以使我的序言瑕不掩瑜,这才减轻了自不量力的压力。

学问之道,一是贵有问题意识,能研究真问题,做真学问。大明兄弟的《抗战时期重庆的报人群体生存研究》一书,选题很有问题意识:此时的报人群体如何转换成近代社会角色?如何面对时代变局下的生存压力?如何肩负媒体的国家社会职责?这是研究的重点问题。又与他以前写的《宋代新闻传播与政治文化史稿》一样,皆属于对相关历史学的补缺性研究,这两部历史学著作的资料查阅都相对艰难,这种主动啃硬骨头的学术品质,也体现了大明兄弟做学问的一贯风格:有问题意识并能主动迎难而上,做扎扎实实的真学问。

对于抗战时期重庆的报人群体生存状态,一直几乎没人深入研究。该著作从战争、苦难、记忆这一视角则是抓住了这一研究的价值点,战争、宗教、瘟疫、文化、权力等给人类带来的苦难与伤痕,不但是文学、新闻学,而且是历史学、政治学皆会书写的重要主题之一,以求给人类留下史料,让后人记忆、反思与寻求规避方法。其中,近代新闻业的产生,对持久性的大规模战争在报道上,更是历史上的直接又详尽的客观历史书写,但从新闻传播学术界而言,既缺乏对我国报刊在历史上是如何报道战争的专门研究,又缺乏对抗战时期报人报刊生存状态的专门研究,这些报人报刊在当时的极端环境下,为后人留下了有关当时的战争、苦难及记忆的真实史料,其意义重大,其精神可贵。因而,不应遗忘对当时报人群体生存状态的关注与研究。大明兄弟的这部大作,通过对这一时期重庆报人群体的生存状态研究,一方面能呈现当时报人群体在生活上的生存状态与办报时的媒介内外环境状态,体现出了作者史学研究上的人文情怀;另一方面对其群体生存状态的探究，可以呈现这一时期重庆报业之所以如此的缘由，使读者既能知其然又能知其所以然，间接了解当时中国的社会、政治、经济等真实状态，这也是史学研究的价值与责任所在。

二是做学问犹如做人，贵在有真诚质朴之心，而不是故作高深地舍本逐末。为此，不应或玩玄虚或沉迷于概念理论套用或广征博引以求增加论著的学术表象，而应找到或不回避真问题，小切口，挖深井，在真诚质朴之心下对之探究，得出自己对问题的系统看法，才是学术之道。如涂尔干的《自杀论》、鲍德里亚的《消费社会》、韦伯的《新教伦理与资本主义精神》、柯林斯的《暴力》、罗尔斯的《正义论》、怀特的《街角社会》、斯科特的《弱者的武器》、孔飞力的《叫魂》……不都是就一个实实在在的日常现象，然后真诚质朴地探究其因缘、本质并给出自己的评判，不玩玄虚，不故作高深，用自己的思考，怎么想就怎样写出来，然后成就人文经典。

大明兄弟的《抗战时期重庆的报人群体生存研究》一书，亦是从一个实实在在的问题入手，力求呈现其当时状态、原因、本质并给出自己的评判。在结构上采用“总—分—总”这一清晰质朴的逻辑，具体分为：“绪论→整体现状分析→共产党报刊代表报人→民间报刊代表报人→国民党报刊代表报人→国外报刊代表报人→报人抗战精神及生存价值”七大部分。这种结构能让读者一看到目录，既能快速做到纲举目张，了解作者的叙事逻辑与著作框架，又能对繁杂史料科学归类进而利于研究上的切入。

具体的每一章，同样逻辑清晰，如在“总”的第一章，是对抗战时期流亡下的重庆报人群体生存环境进行阐述与评析，分别从“颠沛流离”到“避难中心”塑造、新闻界的苦难云集、抗战时期的新闻统制与自由转换、报人笔下的重庆轰炸记忆、报人群体的生存众象等五个方面进行分析。在逻辑上，当时重庆的报界必然会呈现当时重庆的颠沛流离与避难中心这一景观，在这种状态下的聚集，自然是苦难的相聚并在苦难中显示民族的坚韧，作为国民党临时政府，一方面处于抗日环境，另一方面已经承诺了继承民主、自由理念而不好意思公然违背，于是就有了对报界“统制”与“自由”的交织做法，在这种报业外环境下，重庆报业才能客观记录下当时的轰炸状态以及四类报刊报人在这种状态下的生存状态与做法选择等。在“分”的第二、三、四、五章，每章选取一位具有代表性的报人为分析样本并作为叙事主线，对其办报做法、贡献及该类报业的生存状态等进行分析，既起到以个人报业经历牵引出该方面整体状态之效，又能通过对个案样本的深入剖析，更能深刻体会这一时期不同类报人报业生存状态的具体情况、各自表现与背后深层次的因由。在结尾“总”的一章里，从整体上分析国难中的报人抗战精神及生存价值，既是出于卒彰显其志，也是作者相关“史识”能力的呈现，从而使书稿在完整性与深刻性上更为二者兼具。

史学著作质量高低，结构框架符合逻辑与层次清晰是前提，书稿内容在翔实史料搜集、提炼上与评判上，体现的“才、学、胆、识”则是关键。从这一标准来看，该部大作史料查阅下了大功夫，提炼上能砍去枝蔓而顿见清朗，评判上“史识”深刻精辟。如对新闻史学研究范式的评判上，“典范式报人研究是一种以英雄人物或伟大人物事迹而辅陈的书写范式，这种范式以进步历史潮流为主要脉络，引导新闻事业发展。但这种史观类似于传统政治史，历史永远向前发展，进步潮流是主线，新闻史研究也不例外”。如对民间报人为何会“文人论政”的看法上，“对于中国民间报人来说，报业与政治各司其命，只是一种理想的媒体假设”。如对王芸生办报特征的本质评点上，“他既保留旧式报人风格与特性的底蕴灵魂，又增添新时代的色彩与特色，努力地在以蒋介石为代表的国家和广大民众之间寻找一种平衡,无疑对他的抗战新闻实践活动以及历史进程产生较大影响”。

总之,拜读大明兄弟大作,在学到诸多相关详细史实与史识启发的同时,字里行间体现出的治学严谨、肯下功夫也激励着我见贤思齐,还想到大明兄弟常用能量守恒定律来鼓励我,还有他自己要保持定力与情怀的话。他说,在学术与文学之道,上天大体上对每个人还是公平的,人生某一阶段把精力与聪明用在追求喧嚣与聚光灯下的浮华,在人生的其他阶段就要付出成果寂寥的代价,反之,甘于坐冷板凳研究真问题、做真学问,长期的寂寥会在某一刻“华枝春满,天心月圆”。这又与我的想法不谋而合,一个人在学术或文学上,总是汲汲于名利,或跟着名利去调整自己的研究方向或异化自己的学术观点,可能再刻苦,也做不出大学问,说白点,是因为已经不尊重学术本身的规律,也失去了治学与文学创作上的“修德”。

以大明兄弟的学术基础、治学坚守与依旧青年一枚,以后一定能成就自己的学术情怀。也愿每一个读书人能君子务本,本立而道生,用自己的能力做一点自己能做的学术“正事”,聚拢在一起,则会繁荣一个民族的文化与学术。

李铁锤

广东韶关

绪　论

一、从“报人报国”问题谈起

将报人报国作为一个问题来谈是因为这涉及国家社会的角色和使命议题。我们必须探究新闻从业人员如何看待自己的工作角色，以及对国家和社会的使命感。列宁说，“在分析任何一个社会问题时，马克思主义理论的绝对要求，就是要把问题提到一定的历史范围之内”①。通过考察报人报国问题，我们可以运用马克思主义理论，将其置于一定的历史背景下进行分析。这样做有助于深入理解报人报国的意义和影响，以及新闻从业人员在国家和社会发展中的作用。同时，马克思主义理论也提供了一种辩证唯物主义的视角，能够帮助我们认识到报人报国问题的复杂性和多重因素的相互作用。

“报人”这个术语在近些年的新闻史研究中变得越来越常见。它被广泛用来称呼新闻记者、新闻编辑、报社社长等从事新闻工作的人员。这种称呼凸显了他们与新闻事业的紧密联系，并强调他们的责任和使命感。因此，将报人报国问题置于马克思主义理论的框架下进行研究，可以更全面地认识到报人在国家和社会发展中的作用，以及他们所面临的各种挑战和影响因素。首先从文化来源看，“报人”一词往往解释：“旧时指新闻

① 《列宁选集》第2卷，人民出版社2012年版，第375页。

工作者。”①有人指出：“所谓报人是以办报为生活的文化人，是以发展新闻事业为目的的。”②在《新闻传播百科全书》中对报人给出笼统的解释：“报人指新闻工作者，主要指报社、杂志社的编辑和记者。他一般以新闻报道工作为职业，许多人还兼搞其他社会活动。此称谓在我国解放前多用。”③当然，我们研究对象是传统士人向近代过渡的知识分子。他们本身属于社会的精英阶层，在新闻机构里具有闪耀光芒的少数新闻工作者。虽然我们希冀着眼于一线新闻工作者，但在近代以来“救亡图存”的宏大叙事（如抗战时期）脉络中无法书写新闻机构的底层工作者记忆。因此在本研究过程中不得不选择从这群具有社会精英的知识分子进行书写——典范式“报人”。史观上，无论传统报人还是现代新闻工作者充斥着这种书写范式。典范式报人研究是一种以英雄人物或伟大人物事迹而辅陈的书写范式。这种范式以进步历史潮流为主要脉络，引导新闻事业发展。但这种史观类似于传统政治史，历史永远向前发展，进步潮流是主线，新闻史研究也不例外。典范式报人研究对于书写大历史场景具有天然的脉络优势，因而报人群体如何转换成近代社会角色？如何面临时代变局下的生存压力？如何肩负媒体的国家社会职责？这就成为本研究关注的重点。

中国历史没有给传统报人的时代认可，更多是一些无从下笔的蔑称，如“省探”“衙探”“内探”“报探”“探员”等。帝国晚期的国家民族危机，推动一批传统知识分子在现代化道路上奋进前行。从 19 世纪中后期到 20 世纪初，中国新闻事业欠发达，报人的社会地位普遍低下，民间对于报业颇多误会龃龉之情，一般为落魄文人的职业归宿，时人称报馆主笔为

① 苏新春等：《汉语词汇计量研究》，厦门大学出版社 2002 年版，第 38 页。

② 中国人民政治协商会议甘肃省兰州市委员会文史资料研究委员会编：《兰州文史资料选辑》第 1 辑，1983 年版，第 99 页。

③ 邱沛篁等主编：《新闻传播百科全书》，四川人民出版社 1998 年版，第 252 页。

"末路"之语。可以说,这是"末路"报人的"柳暗花明又一村",但是他们的职业身份颇受社会争议。姚公鹤曾经记述民初报人的社会形象:"一般报馆主笔、访员在当时均为不名誉之职业,不仅官场中人仇视之,即社会上一般人,也以其搬弄是非而轻薄之。"①报人包天笑也谈到他在家乡遇到尴尬情况:"当我就职时报馆的时候,我的家乡许多长亲,都不大赞成。他们说当报馆主笔的人,最伤阴德,你笔下一不留神,人家的名誉,甚是生命,也许便被你断送。我的妇翁陈挹之先生,便以此告诫我,他是位好善的长者。如果我的祖母在世,也许不许我就此职业。那时的清政府,也痛恨着新闻记者,称之为'斯文败类',见之于上谕奏折,然而我素喜弄笔,兼治好闻时事,不免便走上这条路了。"②不少传统士人缺乏放眼看世界的气魄,普遍持有怀疑和抗拒的心态。他们寄身于报馆,并非有志于新闻事业,而是为了生计所迫不得已的尴尬状况。

随着中国近代社会变动,一批开明的政治人士涌入报界,使得报人地位迅速上升,报人生存空间大为扩展,导致报人队伍迅速扩大。报人角色的精英化既是一种工具意义上的构成,也是改变现行政治结构的一种手段与力量。③ 维新变法以来,梁启超以"笔端常带感情"的文字,影响了众多有志青年,被誉为"言论界的骄子"。具有政治家身份的报人引领舆论的权威性,助推各种新兴的社会运动被赋予了"正面"形象,扭转人们对报人的偏颇认识。另外,随着报业专业化的逐步提升,身为政治家的报人逐渐从革命宣传者的角色转变为独立的报人,以适应这种职业的变化,并促进了报人自身价值观的转变。当媒介政治环境恶化时,不乏精英知识分子逐渐与报刊的政治活动保持距离,而专注于以独立姿态探讨社会新闻的报人开始兴起。在这一转变过程中,知识分子、报纸和社会结构之间

---

① 姚公鹤:《上海报纸小史》,《东方杂志》第 14 卷第 6 号,1917 年 7 月 15 日。

② 包天笑:《钏影楼回忆录》,中国大百科全书出版社 2009 年版,第 321 页。

③ 王春泉:《新闻采访技巧——理论与实践》,西安出版社 2008 年版,第 69 页。

的相互作用逐渐塑造了新闻职业的形象。报业的言论活动从文人论政转变为超越文人论政,从文人作为“主笔”转变为报人作为“主笔”。报人邵飘萍曾说:“记者是独立的,记者是超越政治的。”“只许‘坐而言’,不许‘起而行’,保持客观的态度。”①作为专业的报人,他们不仅拥有文人论政的情怀,还具备了报刊的新闻观念意识,并逐渐将其发展成为一种社会职业。在报人职业化进程中,职业观念、结构、角色及团体开始形成,并且报人卑微的社会身份现象也逐渐消失。

近代报人群体专业意识高这点,我们可以从近代报人从“制造舆论”者变为“代表舆论”者的变化中看出来。从维新变法到辛亥革命,报人身份一直定格于“制造舆论”的角色。随着“民国建立之后,政府标榜民主和法制,新闻舆论也就以此要求政府……新闻界以自觉意识的觉醒,不仅表现在勇于捍卫自身的权益上,也体现在对于新闻事业本身的认识的不断深化上”②。这些报人们的办报思想也是十分近似的。邵飘萍认为:“新闻事业具有特殊的性质,是社会公共机关,是国民舆论代表。”“由于新闻事业具有广泛的社会性,负有指导教育(包括政府)的责任。因此,应该保持相对的独立性。”③新闻事业应当具备独立性和客观性,为公众提供真实准确的信息,引导公共意识形态的形成。戈公振则进一步强调了公共意志的自然形成和舆论的真实价值,“否报纸自报纸,国民自国民,政府自政府,固丝毫无关系也。我国报界之知此者盖寡,故报纸之进步甚缓,而最大原因,即为缺乏专门人才”④。他还认为中国报业发展慢,

---

① 徐铸成:《报人张季鸾先生传(修订版)》,生活·读书·新知三联书店2009年版,第62—63页。

② 许敏:《民国文化》,熊月之主编:《上海通史》第10卷,上海人民出版社1999年版,第231页。

③ 徐铸成:《报人张季鸾先生传(修订版)》,生活·读书·新知三联书店2009年版,第62页。

④ 戈公振:《中国报学史》,生活·读书·新知三联书店1986年版,第362—363页。

是因为缺乏独立、进步的"自由职业者"的高素质人才。如果说"代表舆论"的自由职业者成为报业思想倾向的视窗，那么言论人才是指导舆论精神的一股力量。到20世纪二三十年代，这样独立、自由、进步的报人开始登上历史舞台。1923年《密勒氏评论报》编辑说："中国的编辑不会永远受制于政治的成见或其他的自私利益。他已经在伸张其独立性，这一点通阅读《申报》《新闻报》《益世报》及其它报纸的社论就能证明。"①

近代中国积贫积弱的现实境况，一批先进报人们怀有强烈的国家民族责任使命感，希望借助报刊这种新式的媒介工具，承袭"言论报国"或"言论救国"的文人论政传统。在近代中国新闻事业初期，"文人论政"传统不单是受到了西方世界的影响，也深受历史悠久的中国传统文化的熏陶。"千百年来，国人特别是知识分子，也自觉地以儒家的原则为依归，对国家和民族一直怀有深厚的情怀。"②因此，中国的"士"（或曰儒生、读书人）一直有清议的传统，诚如美国汉学家费正清所发现："中国有过一个强烈而确有感召力的传统，每个儒生都有直言反对坏政府的道义责任。"③这展现了中国传统读书人敢于挑战权威的一分果敢和勇气，也彰显出他们带有责任和正义气息的文人风骨。近代历史一直伴随"救亡图存"的主旋律，作为社会精英群体的报人既对"亡国""亡天下"有切肤之痛，也普遍认同"以天下为己任"的精神理念。在"以天下为己任"的精神感召下，不少明星式的社会精英报人投身于他们的精神与实践世界中，实现报人报国的情怀。

全面抗战时期，内迁重庆的报人群体成为抗战时期舆论的主力军。报人曾虚白指出："重庆为战时行都，是战时军事、政治、经济中心，因此

---

① 徐小群：《民国时期的国家与社会——自由职业团体在上海的兴起（1912—1937）》，新星出版社2007年版，第262页。

② 袁新洁：《"文人论政"传统形成的原因及其主要表现》，《社会科学家》2010年第1期。

③ 傅国涌：《追寻失去的传统》，湖南文艺出版社2004年版，第294页。

成了报纸和人才的集中地。就阵容来说,重庆报业冠于全国;就表现来说,各报的贡献也不算小,尤其是言论方面,在全国报纸中,要起领导的作用。”①在重庆,无论党营还是商业媒体的报人,要在竞争激烈的媒体之间夺得生存空间,避免读者“因噎废食”就要精编内容,以吸引受众眼球,抓住报纸生存命脉。当然,在报人精英看来,报刊是可以施展才华的新事业,能够借助报刊这个媒体工具,实现文人论政终极目标。1941 年 5 月,《大公报》获得新闻界一个世界级荣誉——美国密苏里大学新闻学院颁发的“密苏里荣誉奖章”。报人张季鸾先生在《本社同人的声明》社评中强调中国报纸不同于外国报纸,就在于能够保持文人论政传统:

> 中国报,有一点与各国不同。就是各国的报是作为一种大的实业经营,而中国报原则上是文人论政的机关,不是实业机关。这一点,可以说中国落后,但也可以说是特长……而我们同仁都是职业报人,毫无政治上、事业上甚至名望上的野心。就是不求权、不求财,并且不求名。我们以为不求权、不求财,是士人常行,容易办,不求名却不甚容易。因为办报都希望人爱读,读者越多越喜欢,名声越大越高兴,而危机也就在这里。因为一个报若只求卖虚名、得喝采,有时要犯严重错误,甚至贻祸国家。以本报为例,假若本报尚有渺小的价值,就在于虽按着商业经营,而仍能保持文人论政的本来面目。②

可见,张季鸾的观点体现了中国报业机构在商业化氛围中能够秉承文人论政的传统,同时这些办报人具有现代职业性,能够抵制名利的诱惑。在那个时代,无论商业机构还是党营事业及文人报纸均能够将报人本身

---

① 曾虚白:《中国新闻史》,(台湾)三民书局 1989 年版,第 422—423 页。

② 张季鸾:《本社同人的声明》,《大公报》(社评)1941 年 5 月 15 日。

的传统士大夫精神延续下来，这在抗战时期一览无遗。诚如李金铨先生所言，文人论政充满追求国家现代化的焦灼，强调国家意识形态，糅合西方自由主义，谋求救亡图存之道。[①] 当然，抗战时期在渝的报人群体中不乏传统文人、学者、报人，他们往往角色交叉混杂，时而在报刊论政或兼职，时而在大学教书，时而服务政党或政府机构，几乎为一时的著名学者兼言论翘楚。

总之，全国性有影响的大报的迁入和先后发刊，把重庆的报业提高到了领导全国舆论的地位。而抗战时期记者、编辑等群英荟萃，使得重庆的新闻业水平提到了一个新的高度，形成了一个人才济济的记者群体，铸成了很有影响的舆论力量。抗战时期重庆的报业在团结抗战这个大方向上，表现出令人敬佩的团结，他们本着国家民族的利益，同仇敌忾，为宣传抗日、鼓励士气作出了不可磨灭的贡献。也就是“这一群人，这几只笔，这一张纸，谨在抗战大纛之下，努力到底，以尽言论界一兵一卒之任务”[②]。爱国将领张治中评价报人们为国家和民族利益作出的努力和贡献：“总体而言，抗战时期的新闻宣传工作是中国各种政治立场的报人摒弃隔阂、团结一致、迎难而上共同完成的，为民族大义并肩战斗，这一点值得钦佩。”[③]因此，我们为了了解抗战时期重庆报业从业人员的生存状态与生态环境状况，不仅关心关爱报人生存与发展的需要，也是为了报业自身生存与发展的需要。同时，抗战时期重庆报人群体的生存方式及流向会发生怎样的变动，他们如何适应新的社会环境成为他们面临的新的问题。

---

① 李金铨：《从儒家自由主义到共产资本主义：记者角色的冲突与汇流》，《超越西方霸权——传媒与“文化中国”的现代性》，香港牛津大学出版社 2004 年版，第 63 页。

② 《本报在渝出版》，《大公报》1938 年 12 月 1 日。

③ 海南省文化交流促进会编：《红色记忆 · 50 · 抗日烽火中的文化救亡》，南海出版公司 2015 年版，第 38 页。

二、创新之处与可进一步研究的问题

(一)创新之处

(1)理论方面:本书立足于马克思主义史学理论基础上,通过借鉴、吸收和运用新闻传播学、政治学、社会学等理论和方法,以历史视角观照抗战时期重庆报人群体的生存现状,力求突破旧的局限、探索新范式、实现抗日战争研究的理论创新之一。

(2)方法方面:本书在借鉴马克思主义史学方法论的基础上,集成运用社会学、传播学、政治学等方法来结构全文,并根据自身的特点加以改造和创新,全面揭示抗战时期重庆报人群体的生存状况及其生存模式。如将历史学、传播学等方法相结合,改变以往论证资料、操作的局限,丰富了报人群体研究的内容,拓宽了重庆新闻史的研究空间。

(3)文献方面:本书立足于历史学领域中的核心方法之一,通过对各种历史文献的收集、整理、鉴定和分析,旨在还原历史事件的真实面貌和深层意义。除了依赖现有的史料基础外,本书还利用了电子材料、名人回忆录、文集传记等多样化的资料,力求在史料使用方面进行创新和突破。

(二)可进一步研究的问题

由于笔者学术功底浅薄,除难以把控众多、复杂交织问题,而剖析浅显问题可能存在错漏,所以可进一步研究的问题尚多,概括如下:

(1)本书仅将报人群体生存引入抗战时期重庆这一宏大背景下进行介绍,其实报人群体的整体生存角度、程度与个体适应性存在密切联系,这种联系值得进一步深入和发掘。

(2)抗战时期重庆除了职业报人、政党报人、外国报人外,还有一个特殊的学术兼职报人群体。他们在抗战时期重庆的生存适应度怎么样,这些都是可以进一步探讨,但因研究能力及篇章有限无力展开,期待以后继续研究与探索。

三、研究思路和方法

本书坚持以马克思主义唯物史观为指导，旨在探讨重庆报人群体在抗战时期的生存状况，并将这一考察置于中国抗战时期大后方的背景下，运用历史学、新闻传播学、政治学等理论框架进行分析，准确地阐释报人群体生存活动的规律。本书以重庆报人群体及报人个体的办报事业作为研究对象，综合考察了抗战时期重庆新闻传播业的变迁过程。同时，以代表性报人的实践活动为线索，深入解读他们的特殊精神追求和精神内涵。

此外，本书还对报人群体家境与生活状况、舆论宣传、社会影响及历史地位等方面进行了全景式的描述，揭示了抗战时期重庆报人群体的发展趋势。通过对这些方面的研究，我们可以更好地理解这一时期重庆报人群体在艰难环境下所表现出的坚韧精神及其对新闻传播事业的贡献。

在具体操作中，本书注意对抗战时期重庆社会动态进行剖析，将报人群体生存的整体观照及个体的个案解读有机结合，通过报人代表的实践活动作为主要行迹而铺陈，如中共报人潘梓年、民间报人王芸生、国民党报人程沧波及外国记者白修德，他们均是重庆派系、专业型、党营媒体及外国在华势力的典范式报人。对于这种典范式报人作为抗战时期重庆新闻事业的政治沟通对象，除言论功能外，还存在其他可以想象的研究。个体人物代表并不能呈现整个群体全貌，却能体现这个群体的独特景象。可以说，典范式报人是新闻机构或社会中的明星记者，个人的伟大事迹或许仅仅是整个历史发展中的一个小点，却以此解释影响力及其社会作用。典范式报人研究是一部少数精英阶层的活动轨迹探讨，对于中国新闻史发展来说，是不可或缺的一部分。因此，本书着眼于典范式报人为主要脉络，探讨其个人行迹与时代发展的变迁，彰显大时代的历史进程。另外，本书注意通过观察报人的生活事件和人物心理，将细腻贴切的心理描写和性格细节有机结合,使笔下的历史人物有血有肉、真切生动的面貌呈现出来。

关于本书的操作方式,抗战时期重庆的报人群体生存研究将采用以下几种研究方法:

(1)文献研究法:以定性为主,辅以量化研究,首先描述分析文献的性质和特征,然后在文献的基础上进行比较和趋势分析。本书所涉及的文献包括诸种报刊、名家笔记与文集、史志等,通过分类、对比分析抗战时期重庆报人群体生存的种种因素,从中归纳总结报人群体在抗战时期舆论宣传方面的经验教训。

(2)演绎推理法:通过文献资料的整理与现实问题的问题,综合运用多学科的理念知识,分析问题,解决问题,搭建框架,并对本书的基本观点进行深入分析和论证。这种方法能够帮助我们从多个角度全面理解问题,并提供有力的证据和逻辑支持,加强基本观点的可信度和说服力。

(3)案例研究法:在新闻史人物研究中,研究方法问题一直没有得到应有的关注。"知人论世"作为一种传统的历史人物研究方法,在史学研究中已积累了丰富经验,很值得新闻史人物研究学习和借鉴。围绕典型的报刊、报人群体生存事件等进行深入剖析,来归纳总结抗战时期重庆报人群体的社会生存经验及教训,这对于研究重庆新闻史及抗战史显得尤为必要。

(4)文本分析法:新闻史作为一种专门史,进行人物研究时,还是应该强调新闻专业角度,这不仅是明确研究主体,体现学科价值的需要,也是挖掘新闻史人物的职业内涵,从新闻传播事业乃至人类社会发展的高度,探寻其独特的价值和贡献的需要。本书将通过对各类史料以及报人群体个人作品进行文本分析;从中解读出时代特点,勾勒出这些报人的新闻事业之路,透析其新闻生涯,并挖掘出报人群体的思想特质、思想追求以及新闻思想与新闻主张。

第一章　战争流亡与重庆报人群体生存环境

1937年11月18日，蒋介石在南京国防最高会议上作了《国府迁渝与抗战前途》报告，明确表示国民政府迁往重庆。11月20日，国民政府主席林森一行抵达汉口，发表了《国民政府移驻重庆宣言》，宣布国民政府"为适应战况，统筹全局，长期抗战起见，本日移驻重庆"①。该宣言意味着向世界表明了中国人民坚持长期抗战的决心。全面抗战时期，许多地区遭受日寇的战火破坏，大多数新闻机构及工作人员内迁重庆，促使重庆成为抗战大后方的中心。从此，重庆新闻界走上了一段艰难、曲折的发展历程。这段历程不能不从重庆新闻界所处的媒介生态环境论起。

第一节　"颠沛流离"到"避难中心"塑造

全面抗战时期随着新闻机构及从业人员涌入，重庆成为新闻报道的中心。相较于东南沿海地区的媒介生态环境，位于长江上游的重庆报刊兴起较晚，约晚了近半个世纪。然而，重庆的新闻发展并非仅仅受限于

① 黄立人、郑洪泉：《论国民政府迁都重庆的意义与作用》，《民国档案》1996年第2期。

此。早在1891年重庆开埠时,外来贸易的增加和西方商人的涌入,以及其地理位置和经济潜力的优势,都促使重庆逐渐发展成为西部重镇。全面抗战时期,重庆成为中国的战时首都,并且在国人心中具有重要的政治地位。美国记者白修德也强调重庆在全面抗战时期的重要性和独特意义,以及人们对于重庆的热情和信仰。

> 中国的战时首都重庆,在各种地图上都没有特别标记的。注明是重庆的地方,是一座昏沉沉的山城,本息在暗黑的崖石上,这崖石是在扬子江上的雾中升起来,直指天空,只要扬子江的水一天流入太平洋,这个江上的城就会存留一天。历史上的重庆,是一个风云际会之点,是一个具有夸张的地理意义的临时宿营地,象慕尼黑和凡尔赛一样。重庆是一个成千成万人分享过的插曲,这些人,由于相信中国的伟大,由于具有守住国土对抗日本的巨大的热情,曾经聚在重庆边。①

由于全面抗战的兴起,重庆在政治和历史上获得了独特的地位,成为那个时期避难者的首选之地。这些逃离沦陷区的人们并不过多关注重庆此时的城市破败景象,而他们唯一关心的是如何躲避日寇的杀戮。"从一九三八年秋到一九三九年春,被日本人赶跑的政府人员,有的衣衫褴褛,有的是乌合之众,有的贵族化,都纷纷来到重庆。政府机关大批的搬来,他们有的坐公共汽车或小轿车,有的坐卡车或黄包车,有的坐船,有的步行。小贩,店老板,小政客,都在长途跋涉之后定居该城。该城二十万人口在几个月之内增了一倍多;在一九三八年秋武汉陷落之后的六个月内,该城人口就接近一百万人。旧城挤得快挤破了。大街小巷充满着糊

① [美]白修德、贾安娜:《中国的惊雷》,端纳译,生活·读书·新知三联书店1988年版,第1页。

里糊涂的欣喜气象。”①在战争影响下，重庆人口出现了急剧增长的趋势，展现出一派蓬勃发展的景象。

重庆本地人与外来人员一时间难以调和生活差异。特别是这群从全国各地逃难到重庆的人，被本地人称为“下江人”。关于“下江人”来历指：“汉口一带，有‘下江人’名词，盖指江浙人也。至重庆，湘鄂人又被称为下江人矣。”可以说，以地域划分人群成为一种判断类别惯例，也或多或少具有一种人群的歧视味道。在“川人口中之下江人，其并不限于长江下游各省籍者，黄河流域，珠江流域，辽河流域，松花江流域甚至长江发源地青海之人，亦莫不名为下江人。犹香港人口中之‘上海佬’也……虽当局曾下令严禁‘下江人’之称呼，然长江不能使其倒流，下江人总被目为下江人也”②。1938 年底，重庆城市面积达三十平方公里左右，城市人口达五十万人，加上流动人口共六十余万人。内迁“下江人”多分布在重庆周边的乡村。因为那里生活便宜，“江津不比重庆，它有平坦的路，安静的生活环境。因此，流亡入川的难民——下江人——都喜欢搬到江津来住家”③。尤其随着大量外来人口涌进，冲击本地人们的生存空间，致使其狭小的山城压力日益严峻，不得不寻找城市外面的生存之地。

一般来讲，以“下江人”为代表的国民政府意欲通过物质与精神方面改造陪都重庆，实现从外来“边缘化”到本地“中心化”转变。《春风》刊载一位被重庆人称之为逃难的“下江人”记述：“当我们二十七年到达重庆时所看到的一些特殊现象，首先对于生活，就是一个对比，那时重庆的物价极低，我们无论到那一个地方去吃，总是威风得不可一世，在重庆的女人看我们不仅是漂亮的阔老，还是天之骄子。比物价更低的是重庆的人

① ［美］白修德、贾安娜：《中国的惊雷》，端纳译，生活·读书·新知三联书店 1988 年版，第 7 页。

② 《四川人心目中的“下江人”》，《大美晚报》1940 年 4 月 7 日。

③ 绿莎：《在江津的难民》，《中央日报》1938 年 12 月 14 日。

民劳力的出卖,几十个铜元就可以坐着竹轿上山爬坡,袋裏藏这末几角钱玩一天足够,我们到一处受一处人的包围。乡下人都是穿土布或洋布长衫短袄,即在城市也很少以西装革履招摇过市的,女人多乡气十足,但经过八年(全面)抗战以后,重庆人的生活与外表都有了极大的改变,他们从朴素而至浮华,这不能不说是下江人所带去传染的风气,现在重庆的男人很多是西装革履,至于女人,也打扮得异常时髦,预料不久将来,交通畅便之时,这些时髦的女人即将光顾上海。她们除了语言上和上海的女人有所出入以外。其他一发一定是无分轩轾的。"①学者孙本文认为,抗战内迁的"下江人"改变了重庆地区的风俗习惯,"使东西部风俗得接触的机会。不仅使一般人民知道全国风俗的不同,而且因相互观摩,而得接触和改进利益。加诸,抗战期间生活上的一切因陋就简,可以省却平时的许多繁文缛节。我国社会上不少礼仪或可得合理化和简单化的机会"②。外来新式风气的变化对于相对封闭的川渝地区来说,这是一种内在式变革,同时也简化了与抗战大后方物质贫乏化相适应的过渡期。

战争之下的重庆城市生活呈现一番东西部经济、文化互鉴交融的景象,报人笔下的描述展现出一种没有战争硝烟的城市生活气息。美国记者埃德加·斯诺说过:"中国的放弃华东而被迫开发华西,使之现代化,也许终要被人视为当最富于意义的事件。"③的确,战争避难的"下江人"带给重庆一种新式的社会气象,如"有沪杭的绸缎店,有冠龙、大都会等照相馆,有大三元、小有天等吃食店,有苏州、南京等处的种种老招牌,几乎到处都可以看见'南京'、'上海'等字样,甚至连秦淮河的歌女们也随了国难到此张了艳帜"④。可见,重庆汇聚了全国各地多样化的经济形

① 《重庆女人眼中的下江人》,《春风》1946年第11期。

② 孙本文:《现代中国社会问题》第一册,商务印书馆1942年版,第261页。

③ [美]埃德加·斯诺:《斯诺文集》三册,新华出版社1984年版,第128页。

④ 沧一:《重庆现状》,施康强编:《四川的凸现》,中央编译出版社2001年版,第6页。

态，这不仅带来了社会风气的转变，更重要的是，它让当地人们改变了对外部世界的认知。

在东南沿海地区沦陷前后，不少工厂内迁到抗战大后方，仅重庆的工厂在最多的时候近一千七百家，工人十万零六千多人。① 在“下江人”逃难时候，身为“上江人”的川渝地区大批子弟则走上抗战前线。所以，当时川江号子传唱道：“好男当兵上前线，抗日队伍出四川。坐上大船到武汉，武汉火线扯得宽。哪怕飞机去轰炸，哪怕四处起狼烟。前方打了大胜仗，写封家信对妻言，‘公婆面前多照看，抚养儿女苦中甜，抗战胜利时运转，你我全家就团圆’。”②如果没有四川子弟们参战，那么很难有后来的抗战胜利。这一点，连蒋介石都不得不承认。他指出：“抗战军兴以来，中央本既定之策，而以四川为抗战重要根据地。我川省同胞，尊奉国家至上与军事第一之要旨，忠诚奋发，同心勠力，以收动员人力财力之功。每年粮政兵役所负担之数量均属甲于各省。输将慷慨，缴纳必先，丁壮从戎，踊跃恐后。推而至于增产、运输、募债、献金等一切有关抗战之工作，莫不有优良之表现。军实资以供应，兵源赖以补充。”③可见，四川地区奠定了稳固的抗战大后方基地，保证了抗战胜利的到来。

随之而来的大批科研机构内迁，人才资源、设备资源，使落后的大后方科教文化事业迎来了一片春天。从全国各地迁渝的科研机构、高等院校等达百余家，主要有国立中央研究院、中央地质调查所、中央农业试验所、中央工业试验所、兵工署弹道研究所、心理研究所、气象研究所、中国地理研究所、中国地质调查所、水利化工研究所等。当然，迁渝单位中还有一些重要的，如中央卫生实验院、中国科学社生物研究所、四川地质研究所等。除了官方的科研机构外，重庆还汇聚了许多民间科研机构和学

① 齐武：《抗日战争时期工人运动史稿》，人民出版社 1986 年版，第 198 页。
② 重庆市文史研究馆编：《陪都星云录》，上海书店出版社 1994 年版，第 150 页。
③ 吴相湘：《第二次中日战争史》，（台北）综合月刊社 1973 年版，第 602—607 页。

术团体，主要包括中国工程学会、中国地质学会、中国化学会、中国生物学会、中国物理学会、中国数学会、中国动物学会、中国植物学会、中国地理学会、中国气象学会、中国科学社、中华自然科学社、中华学艺社等百余家。① 随着众多教育、文化机构的内迁，成千上万不同性质、不同派别、不同区域的专家教授、作家、艺术家、画家、戏剧家、音乐家、诗人、哲学家、历史学家、翻译家、电影艺术家等文化工作者和工程技术人员、社会贤达、国家精英、民族精英，使重庆这座内陆城市第一次汇聚如此多的人才。

的确，大批文化精英逃难至重庆，不仅带来了新型的出版发行机构，悄然改变了山城印刷出版和阅读市场的面貌，而且还激发了城市人民的精神文化活力，使这个内陆城市在近代史上首次超越了东南沿海地区在文化方面的潜力。

> 自政府移来后，文化的活力也随之增长了。如从南京搬来的中央书店、拔提书店、正中书局、军用书局等；从上海分来的生活书店、上海杂志公司等；从汉口分来的新生书店、华中图书公司等。它们最近都先后在此开幕，生意热闹非常。这些新书店可说全部都以关于战时读物——书报、刊物、图画——作为主要的营业。它们搜罗的很丰富，而且十分完备，可说是集中了全国战时读物之大成。而且它们经营方法也很巧妙，如销路最广的是《抗战》《群众》《解放》《全民周刊》《世界知识》《文摘旬刊》等，都是从汉口打好纸样，用航空寄来重庆印刷。同时，它们又有所谓“航空杂志”，销售的办法，就是将各处出版的主要杂志，全用航空寄递，只须加上相当邮费而已。这对于有阅尽天下新书杂志狂的人们，确是很合口味的……现在，重庆的售珠

① 张成明：《重庆抗战时期民主党派史》，重庆大学出版社 2015 年版，第 14 页。

> 市——重庆的书店街——是代表了上海的四马路了！在满足读者精神食粮一意来说，目前重庆的市民是比上海幸福得多了！①

总之，全国各方力量聚集，推动了陪都重庆处处呈现出国家中心景观形象，激发了一种英雄主义的城市精神气质。美国记者白修德对重庆抗战的中国人表达了崇高敬意，“这个逃难政府属下的几千名文职官员给予我的第一个印象就是他们英勇气概。他们中间的任何人本来可以像其他成千上万的人那样，留在被占领的沿海地区，奴颜婢膝地屈从于战胜的日本人的颐指气使。可是他们不愿意这样做。他们宁可忍受重庆的酷暑和高温，忍受在既潮湿而又无取暖设备的屋子里度过严冬；他们宁愿眼睁睁地看着孩子们生病，甚至因病夭折，但他们不肯屈服”②。正是这种精神气质支撑了中国人民在抗战中不屈不挠地斗争下去。

第二节　新闻界的苦难云集

在战争年代，新闻战线往往是最为活跃的力量之一。新闻的力量对于战争，如同炮火一样重要。交战的各方都把新闻宣传看作是壮大自己、战胜敌人的锐利武器。新闻宣传机构是时代的喉舌，所起的作用难以估量。自卢沟桥事变后，从北平、天津、上海到南京先后沦陷。当时沿海重要城市的新闻事业比较发达，而其失陷及内迁的过程使中国新闻界蒙受了巨大损失。据国民党中宣部统计，全面抗战前全国报纸总计一千零一十四种，全面抗战爆发后一年多损失了六百余种。尽管如此，这仍是保守

---

① J.E.Spencer, *Changing Chungking: The Rebuilding of an Old Chinese City*, Geographical Review, Vol.29, No.1.(Jan, 1939), pp.46-60.

② ［美］白修德：《探索历史——白修德笔下的中国抗日战争》，马清槐、方生译，生活·读书·新知三联书店1987年版，第8页。

的数字。[①] 在残酷的战争环境下，重庆成了抗战大后方一块少有的新闻文化发展之地。当时，“重庆是扬子江上游的重镇，新闻事业本来就很发达，其中如《新蜀报》《国民公报》《商务日报》等，历史都很悠久。抗战发生，政府西移后，重庆的报业突趋蓬勃”[②]。1938 年 1 月 15 日，南京《新民报》首先来渝出版，随后《时事新报》《南京晚报》《中央日报》《扫荡报》《新华日报》《大公报》《益世报》等内迁来渝，连同随迁的外国新闻机构及人员，使重庆新闻事业呈现出前所未有的蓬勃之势。据有关统计，“抗战时期，驻重庆的外国记者上百名，分别来自合众社、塔斯社、路透社、美联社、德新社、哈瓦斯社、海通社、北美联合通讯社及美国全国广播公司等著名国际新闻通讯机构”[③]。可以说，重庆汇聚了众多国内外新闻机构和记者，这为促进抗战新闻事业的蓬勃发展注入动力。

在国家民族已到生死关头之际，从外地迁渝的新闻人员及其机构迅速恢复，为唤醒大后方民众参加抗战摇旗呐喊。报人张恨水在《新民报》发刊词《这一关》中，介绍了内迁的报人苦难云集于重庆，对山河破碎，以笔为剑，化悲愤为力量，发出时代呐喊声音。

> “关”这个字，在中国文字里，已够严重。“关”上再加“最后”两个字，这严重性是无待费词了。最后一语，最后一步，最后一举……这些最后，表示着人生就是这一下子。成功，自然由这里前进。不成功，也决不再有一下。那暗示着绝对的只有成功，不许失败。事情不许失败，那还有什么考虑，我们只有绝大的努力，去完成这一举，所以这副刊的命名，有充分呐喊的意味包含在内。

---

① 王晓岚：《喉舌之战——抗战中的新闻壁垒》，广西师范大学出版社 2001 年版，第 1 页。

② 曾虚白：《中国新闻史》，（台湾）三民书局 1989 年版，第 420 页。

③ 杨耀健：《抗战时期美国记者在重庆》，《重庆与世界》2012 年第 10 期。

因南京的沦陷，一部分报人，或为私为公，来到重庆。在下也是南京报人转进入川的一个（惭愧之至，这惭愧容明日交代）。恰逢《新民报》在重庆重振旗鼓，同庆更生。却约在下来把守这《最后关头》。在下因心绪的恶劣，及病后身体的衰弱，自忖是无可努力，恐怕不胜呐喊之任。然而在下在南京，也办有一张豆腐干型报纸，和《新民报》是好友。而个人和《新民报》社长陈铭德兄，经过这一转进，更成了患难之交。在许多条件之下，不容我不做回最后的努力，所以我就毅然地答应了在这《最后关头》来做个守卒。任务，自然是呐喊！

这呐喊的声里，那意味绝对是热烈的，雄壮的，愤慨的。决不许有些消极意味。我相信我们总有一天，依然喊到南京新街口去，因为那里，是我们南京报人的。我们绝不放弃新街口。我们呐喊，现在就开始。①

在这个悲惨世界，他们承受着国破山河的苦难，敢于记住毁灭和灾难，勇于面对被日寇踏破的踪迹中寻找自己的位置。

抗战时期重庆各主要报社、通讯社动态一览表②

报社、通讯社名称	社长或发行人	总编辑	发行数额（份）	备考
中央扫荡联合报	陈博生、刘威风	詹辱生	120000	该报改组由陶百川继任社长
大公报	曹谷冰	王芸生	50000	
益时报	杨慕时	戚长诚	5000	
时事新报	张万里	盛世强	12000	

① 张恨水：《这一关》，《张恨水散文全集：最后关头》，时代文艺出版社 2015 年版，第 3 页。

② 袁佳红、王志昆、曾妍主编：《中国战时首都档案文献》，西南师范大学出版社 2017 年版，第 403 页。

续表

报社、通讯社名称	社长或发行人	总编辑	发行数额(份)	备考
国民公报	曾通一	杜协民	4500	该报前发行人为康心之
新华日报	潘梓年	吴克坚	3500	
新蜀报	周钦岳	杨炳初	7000	
商务日报	高允斌	刘光炎	2500	前任总编辑已离该报
新民报	陈铭德	赵纯继	10000	
新民晚报	陈铭德	崔心一	15000	
南京晚报	张友鹤	陆铿	7000	
自由西报	邹毓华	陈钦仁	2000	
论坛报	王乃昌	章苍萍	1500	该报 1942 年 8 月 28 日创刊
卫商新闻	张常人	张常人		
远东社	许超			
盟利社	中宣部三民主义研究会			

大批中外新闻工作者云集重庆,促进报界复兴,推动了内迁的各种新闻研究团体进一步整合。中国新闻学会以“研究新闻学术,改进中国新闻事业”为宗旨,成为抗战时期重庆最大的新闻团体。中国新闻学会于 1941 年 3 月 16 日在重庆上清寺中央广播大厦举行成立仪式,共有会员二百多人,代表十四个省市的报界,是由国民党中宣部控制的全国性新闻团体。会议主持人宣读了蒋介石、各方代表和各地新闻界同人的贺词。经过充分讨论,大会一致通过了《大公报》总编辑张季鸾起草的《中国新闻学会宣言》。同时,选举产生了名誉会员,包括于右任、戴季陶、居正、陈布雷、王世杰、朱家骅、邵力子、陈果夫、陈立夫、叶楚伧、吴铁城、张继。此外,还选举产生了理事成员,包括萧同兹(中央社)、陈博生(《中央日报》)、马星野(中央政治学校新闻系)、曹谷冰(《大公报》)、胡政之(《大公报》)、成舍我(《世界日报》)、陈铭德(《新民报》)、赵敏恒(路透社)、

周钦岳(《新蜀报》)等十九人。候补理事成员有杜协民(《国民公报》)、潘梓年(《新华日报》)等七人。监事成员包括潘公展(国民党中宣部)、董显光(国民党中宣部)、程沧波(《中央日报》)、张季鸾(《大公报》)、王芸生(《大公报》)、谢六逸(复旦大学新闻系)等十一人。最后,大会选举萧同兹为理事长,彭革陈为副理事长,曹谷冰为秘书长。[①] 该新闻团体的建立,旨在联络抗战宣传与动员事宜,交流经验,协调关系,维护各家新闻机构及新闻从业人员在重庆的正当权益。

重庆新闻界同人在聚集联络、交换意见共促抗战的结社道路上探索出一条务实而有效的战时模式。张季鸾先生对重庆新闻界联合持积极态度,曾经谈到报人们应以抗战宣传为职责,报效国家为使命,“凡不涉及军机,不妨害其威信,不影响前方士气,不揭露行政机密,使一切政令之施行状况及执行官吏之善恶得失,应皆听任报纸为公正之检讨,地方文武官吏,不得加以妨阻。吾侪本此职责,勤求知识,宣布正确民意,使我全国民众能愈战愈强,以卒达胜利国防完成之境界。本会同人以文字劳动为职业,以战时宣传为责任,工作繁重,谨再郑重表示,对于为国牺牲诸同业先烈之哀意,及对沦陷区内一般忠良同业之敬意。同时严斥极少数降敌汉奸之徒,其为敌人作荒谬宣传,罪恶重大,为全民族所不齿,但亦不能危害我国民族于毫末”。[②] 这篇宣言以国家至上、民族至上为原则,明确了报人的生存与抗战责任义务。

事实说明,全面抗战时期重庆新闻界获得发展生机后,自信力和社会使命大涨,报人群体认同和集体意识逐渐成熟。1939 年 4 月,中国青年新闻记者协会(即“青记”总会)迁到重庆,范长江负责“青记”总会,傅于琛任秘书,会务由徐迈进、庄启东和冯英子负责。厉杰夫、沈毋、吴学文、

---

① 重庆市渝中区政协文史资料委员会编:《重庆市渝中区文史资料》第 12 辑,2002 年版,第 155 页。

② 王文彬编:《中国现代报史资料汇辑》,重庆出版社 1996 年版,第 895 页。

章茵子、范加祥等也被邀请参加“青记”的工作。由于国民党当局实行战时新闻检查制度，国外媒体通过中央社的稿件很难了解到中国人抗战的真实情况和声音。在这艰难条件下，“青记”驻渝通讯处办了一件不可想象的事，举办了全国报纸展览会。1939 年 1 月 28 日，全国报纸展览会在重庆社交会堂盛大开幕，为期三天。此次展览中，除了展示大后方出版的各类报纸外，还展出了来自海外华侨出版的报纸，以及更多来自敌后根据地的抗战报纸，总计五百多种。这些报纸有铅印的，有石印的，最多的是油印的，虽说报纸版面眉不清目不秀，却反映了当时抗日根据地军民艰苦奋斗的生活和争取抗日战争彻底胜利的信心。在这三天时间内，不少观众参观展览的各种报纸，提出宝贵的意见，如“一位观众说我们这个展览会使他们大开了眼界，懂得了真正抗战的情形，在重庆这一潭死水中，投下了一块激起浪花四溅的石子”①。

在新局势与职业环境的影响下，重庆的一些报人增强了他们的民族意识和职业认同感，并表现出对组织新闻职业团体的强烈需求。1942 年 1 月 13 日，陪都记者联谊会在重庆记者座谈会基础上成立，许多政界要员和新闻界名流参加，这是太平洋战争爆发后重庆地区最大的一个新闻记者团体。国民党中央宣传部主任秘书许孝炎代表王世杰部长发言，称新闻记者是同前线战士一样握笔的“文化兵”，是站在抗战前线的先锋战士，同时勉励新闻界承担起“领导社会”“宣扬国策”的重任。在大会上，与会者讨论了会章议程，并选举了陈振纲、赵汶沂、沈善铉、谢爽秋、刘自勤、高集、陆铿、李景芳、张骏、钟荣苍、黄卓明、丁懋德、陈畴甫、鲁明、陈伯奇等十五人作为执行干事。此外，还选举了何树元、徐盈、周重光、熊岳兰、张步云、朱经治、杨赓七人作为监察干事，而刘自勤则担任秘书职务。研究组的组长是徐盈，副组长是谢爽秋和赵汶沂；服务组的组长是陆铿，

① 中国社会科学院新闻研究所《新闻研究资料》编辑室编辑：《新闻研究资料丛刊》第 2 辑，新华出版社 1981 年版，第 66 页。

副组长是丁懋德和张仁仲；总务组的组长是高集，副组长是陈振纲和李景芳；财务管理方面由朱经治负责。该会会员包括各报编辑、外勤记者、外埠各报驻渝记者、海外各报驻渝记者、广播记者、摄影记者等共计一百多人。陪都记者联谊会为抗战募集资金作出一定贡献，如记者节筹募滑翔机两架，捐给中国滑翔总会。

随着中国抗日战争引起世界各国重视，来华记者亦日益增长，急于组织在华关系网，创建新闻团体协会。美国学者杜鲁门说："协会的重要政治意义，即它在其周围织成了一个相关关系网络，不仅在于它们有通过政府机构进行活动的强烈倾向，而且在于它们的稳定功能，在于与其他因素相比它们能调动更多的资源，以及它们在社会中的巨大数量。"①关于外国记者在华结社问题，国民党当局保持着高度警惕性。1943 年 5 月 18 日，驻华外国记者协会在重庆成立，选举会长爱金生，副会长白修德、叶夏明、赵敏恒，秘书摩萨，并向有关国家使馆通报。爱金生拜访国民党中宣部部长张道藩。张道藩拒绝承认他的会长身份，"理由是在华外国记者不享有集会结社的自由权利。董显光还一再阻止该会的合法化，他认为这类协会的成立将影响新闻统制"②。

从审批流程看，国民党当局一直对在华外国记者组织协会进行防范。国民党中宣部曾虚白曾对驻华外国记者协会成立一事，提出两点意见：(1)中国新闻记者公会成立前，能否允许该协会成立，可否准许外国记者参加中国新闻记者公会。若按公会法的规定，至少三十人发起才可组织公会，而在渝外国记者不足此数。(2)如果准许成立协会，应严格规定其性质、范围，避免与中国行政发生抵触。国民党宣传部新闻事业处处长马星野指出，在华外国记者不享受集会结社的自由，参加中国新闻记者团体

---

① ［美］戴维·杜鲁门：《政治过程：政治利益与公共舆论》，天津人民出版社 2005 年版，第 47 页。

② 王泓等编：《周恩来与国际友人》，重庆大学出版社 1995 年版，第 126 页。

也有困难、可以允许他们成立一个俱乐部性质的团体，参加者应有资格方面的限制，这个团体应受国宣处的指导和监督，对外无权进行交涉活动。① 随着国际形势变化，国民党当局不允许外国设置团体情况有了转机。7月16日，驻华外国记者协会在重庆记者招待所举行成立大会，国民党高层人士孔祥熙、孙科、王世杰、张道藩、吴铁城以及英国大使薛穆和苏联大使潘友新等百余人出席。此时成立的外国记者协会旨在团结全体外国记者，呼吁放宽新闻检查尺度、开放前往陕北采访，并通过对国民党当局施加压力来争取这些要求。这一行动至少在他们寻找真实的中国方面迈出了重要的一步。

全面抗战时期，重庆群英荟萃，促使其新闻界的业务水平提升到一个新高度，形成了一个生气勃勃的报人群体，具有广泛影响的舆论力量。由于太平洋战争爆发后重庆又成为同盟国中国战区的指挥中心的特殊地位，这些新闻单位虽地处西南一隅，但其已经纳入世界新闻传播网络体系之中，和各国新闻工作者群体结合在一起，不仅为中国人民提供了大量的世界各国反法西斯战线的信息，也为国际反法西斯战线传播提供了有关中国抗日的讯息，这些面向世界的通讯渠道，使重庆报人群体具有国际性、开放性。

第三节　抗战时期的新闻统制与自由转换

1937年全面抗战爆发后，国家已经危在旦夕，新闻检查被放在战争危机和国家安全的框架中讨论。报人们不是不知道新闻统制恶名，但是其曾经以“言论自由”为号召，对于国事议论，亦每以敢言自豪，“对于新闻之记载，则以竞先发表为敏捷，此在平时，尚鲜流弊，一到战时，则每使

---

① 蔡斐：《重庆近代新闻传播史稿（1897—1949）》，重庆出版社2017年版，第288页。

国族遭受不可补救之损失，故向例各国多施战时新闻统制制度。我国自国难以来，新闻检查日见严格，尝使新闻界感受多少损害与困难。惟年来国难日深，新闻界已在国族利益高于一切的大前提下，为争取国家的大自由而奋斗，虽牺牲本身的自由亦所不惜，这样，便贯彻了国策，造成了举国一致的舆论”①。站在国家民族角度来看，抗战时期的新闻统制确实取得辉煌的成果。抗战时期新闻工作者在枪林弹雨中，或在敌伪血腥的统治下，冒险奋斗，为正义为国族工作，置生死于度外，写成一部可歌可泣的史诗。

中国传统的“杀身成仁”“舍生取义”“富贵不能淫，贫贱不能移，威武不能屈”等价值信条，激励抗战时期报人们对国家民族的责任感。作为深受传统价值观影响的报人张季鸾，以兼济天下的爱国情怀在《大公报》刊登前线战报，其坚定的必胜信念，振奋过无数国人的心。这时的张季鸾，一切的言论活动，都以国家为上、民族至上，他几乎放弃了当初所主张的报纸独立身份，放弃了言论自由，甚至放弃了《大公报》所谓“不党、不卖、不私、不盲”等“四不主义”。他以文字、以其生命献身国家，听凭国家最有效的召唤。甚至，他出人意料地赞成抗战时期的新闻统制政策，衷心欢迎国民党政府新闻检查，担心记载有误，妨碍军机大事。1939年，张季鸾在《抗战与报人》中表达这种态度，“中国报业受日人侵略战争的影响太大了，因为使得报业性质，报人地位，都发生了重大变化”。“然抗战以后，在汉在渝，都衷心欢迎检查。因为生怕记载有误，妨碍军机之故。中央宣传部本是指导报界的最高机关，抗战以来，我们是竭诚接受其指导。”②

---

① 程曼丽、乔云霞主编：《中国新闻传媒人物志》第7辑，长城出版社2014年版，第162页。

② 张季鸾：《抗战与报人》，《季鸾文存》第二册，《民国丛书》第一编（98），上海书店出版社1989年版，第151—153页。

对于报人来讲,新闻自由信仰要以国家民族为崇高原则,必须服从战时新闻检查制度,这也是抗战时期报人群体的一个共识。学者任毕明指出:"我们不能反乎法律的限制而乱登破坏别人名誉的新闻,不能在公安秩序之外,不负责地'有闻必录'。同样,我们此时不能破坏抗战政策的限制而有'新闻自由'。"在他那里,新闻自由不是绝对的自由,"大家要明白,所谓'自由',并不是'自由浪漫主义'的自由,而是'共同行动的自由'。换言之,我们所求的是更大的自由,即民族自由的自由,而非个人的自由。在抗战期间,最大的自由,是从'抗日第一''民族利益'之下而产生的所谓自由,绝对不能超出这个范围以外"。[①] 任氏所言,也代表了全面抗战初期重庆报人群体的普遍认同,个人利益必须服从民族利益的需要,新闻自由必须服从"抗战第一"的大原则,必须服从战时新闻检查政策。也就是说,新闻自由不是绝对的、无拘无束的自由。它是有限制的新闻自由,除了法律之外,还有战时新闻统制政策。

抗战时期报人群体在国家民族的抗战大旗下,理性地作出了牺牲"小我"利益换取国家"大我"利益的抉择,这种以国家民族利益为重的大局意识值得充分肯定。然而,若想真正实现新闻抗战的目标,不是仅仅依靠报人群体接受战时新闻统制就能实现的,报人只是从自身出发考虑了报人如何接受检查与牺牲的问题,却忽略了国民党政府如何新闻统制的问题。

在抗战即将进入相持阶段之际,战争早已让人疲惫不堪,报人们潜在的新闻自由意识抬头,反对战时新闻检查制度可以获得成长机遇。当然,重庆报人群体体验到战时新闻检查制度所带来的痛苦,"新闻检查在战时,原有其必要,这在每个国家都如此,我们原未可厚非……我们战地新闻工作者,最近所寄的通讯,大都受到严格的检查,这样检法,使我们深受

① 任毕明:《战时新闻学》,光明书局 1938 年版,第 67 页。

到痛苦！因为这不只是严格，而往往是近乎过度。通讯中连‘动员民众’的字样都不能提，连暴露伤兵医院院长的不负责任也不能写，甚至有时连我们原有的标题，也会被修改。如果是国文教员改作文的态度，那我们也表示欢迎，正因为我们的文章太幼稚，斧削斧削也好，实在各人行道不同，经验各异，因此一经删改，不是腰斩，便是使任何读者读不下去……我们战地记者，冒了枪林弹雨，冒了敌机轰炸到前方去采访，为了什么？是为了争取抗战胜利，是为了报道前方的真实……我们在工作上，比较少得到当局积极的指示（我国新闻政策，向来太偏重于消极方面，而忽略了积极方面）……我们盼望当局对于目前的新闻检查制度，有所改善”①。一旦这种制度常态化，不根据实际情况作出相应调整，必然阻碍新闻事业发展。报人邹韬奋曾经被战时新闻检查折磨得极其痛苦，“在他的书桌上面堆积起很多‘不合抗战需要’的稿件，这类的稿件越来越多，而他却认为这些正是讨论抗战症结问题于抗战有益的文章，即幸而不被判定这空泛的罪名的稿子，也很多被分肢裂体，挖目换睛，他感到异常的痛苦和工作上严重的困难”②。这种极端限制新闻自由的战时新闻检查体制，大大折损了国民党当局在报人群体心理中的政治权威性。

报人群体的新闻自由期望不仅落空了，而且现实情况日益朝着相反的方向发展。1938 年 11 月，国民参政会通过了胡景伊等人提出的“拥护抗战建国纲领，确立战时新闻政策，促进新闻事业发展”决议，指出战时新闻界应该增强抗战必胜信念。1938 年，国民党政府公布了《图书杂志原稿审查办法》，强化了图书出版审查标准。1939 年 3 月，国民党政府通过了《国民精神总动员纲领及实施办法》，大力开展一个党、一个主义、一个领袖的宣传。1939 年 4 月，国民党当局制定《关于防制“异党”活动办

① 陆诒：《我对目前“新闻检查”要说的话》，中国青年新闻记者学会：《新闻记者》第 6、7 期合刊，1938 年 10 月 10 日。

② 邹嘉骊编：《忆韬奋》，生活·读书·新知三联书店 2015 年版，第 104 页。

法》,没有国民党党员参加的报纸要限制创刊,各地印刷、派报、运输等与报纸出版有关的行业要对"异党"报刊的出版发行予以破坏和防制。1939 年 6 月,国民党政府成立战时新闻检查局,在此前后国民党政府曾颁布《抗战时期报纸通讯社声请登记及变更登记暂行办法》(1938 年 9 月)、《战时新闻检查办法》(1939 年 5 月)、《对于新闻发布统制办法》(1939 年 9 月)、《战时新闻违检惩罚办法》(1939 年 12 月)、《战时空军新闻限制事项》(1942 年 2 月)、《战时新闻禁载标准》(1943 年 10 月),还制定了《战时新闻检查局组织大纲》《战时出版品审查办法及禁载标准》《战时书刊审查规则》(1944 年 6 月)。① 1940 年开始,国民政府连续公布了《战时图书杂志原稿审查办法》《杂志送审须知》《图书送审须知》《新闻记者法》等法规与文件。国民党当局的新闻统制越来越苛刻:"审查机关对于被禁止出版发行的书刊报纸,根本不向编著者说明查扣的理由,人们根本无法掌握审查标准。而且国民党的党部、军队、警察、宪兵、特务,都可以随意进行检查。即使经过审查合格的出版物,也被大量扣留。更有甚者,许多检查人员任意闯入私人住宅,胡乱翻检私人物品,随意拘捕工作人员。"②国民党当局采取立法、新闻检查等方式,企图把党外舆论引向有利于自己统治的方向来。在这种情况下,大后方的进步报刊不得不与国民党当局的新闻检查人员斗智斗勇,使其稿件合法刊出,甚至以"开天窗"等形式来应对国民党当局的新闻检查。可见,战时新闻检查制度严重影响了大后方新闻出版工作的顺利进行,这是当初主张接受新闻检查的抗战时期报人所始料未及的。

报人张友鸾谈到有些报人抗战时期的新闻报道情形,张恨水就是典型例子之一。"为了抗战,他歌颂了那些浴血献身、出生入死的人,也表

---

① 上述部分文件见附录二。

② 方汉奇主编:《中国新闻事业通史》第 2 卷,中国人民大学出版社 1996 年版,第 679 页。

扬了那些敌忾同仇、毁家纾难的人。到了重庆号称‘大后方’，所见所闻，有的是：口头抗战，心里投降的政府；争权夺利，枪口向内的新军阀；贪污腐化，对人民残酷压迫剥削的官僚。浑浑噩噩，醉生梦死的人们，在这样的政治气氛中，过着‘前方吃紧，后方紧吃’的生活。通货膨胀，民不聊生，走私猖獗，偏有人在滚油锅里捞钱，大发其‘国难财’。一切现象，使他目骇心惊，痛恨无比。”①虽然有人不喜欢“骂”，但张恨水不认为报人的“骂”有什么不好，“要看我们为什么而骂。若是不为图升官发财而骂，不为党同伐异而骂，不为营私而骂，不为挟嫌而骂，虽骂不必怕招忌反过来，为抗战建国而骂，为人民请命而骂，为公益而骂，为义愤而骂，那就大骂而特骂，也许只有引起社会的共鸣吧？”②其实，张恨水的态度代表重庆大多数报人们的言论报国心态。

报人需要应对现实的话语调适，渴望在内外关系、官民关系中寻找到新闻自由。于是，不少报人转而采取了曲笔应对的巧妙战术，退一步运用社会新闻和副刊方式，揭露和抨击当局的恶政。报人张恨水经常抨击国民党当局负有监督政府职责，对当时情形表现出愤慨：“当我写第一篇《上下古今谈》的时候，我曾说过，上至宇宙之大，下至苍蝇之微，我都愿意说一说。其实，这里所谓大小也者，我全是逃避现实的说法。在重庆新闻检查的时候，稍微有正确性的文字，除了‘登不出来’，而写作的本人，安全是可虑的。我实在没有那以卵碰石的勇气，不过我谈了谈宇宙和苍蝇，这就无所谓。我利用了我生平读历史的所得，利用了我一点普通科学常识，社会上每有一个问题发生，我就在历史上找一件相近的事谈，或者找一件大自然的事物来比拟。例如说孔公馆，我们就可以谈谈贾似道的

① 张友鸾：《章回小说大家张恨水》，张占国、魏守忠编：《张恨水研究资料》，知识产权出版社 2009 年版，第 103 页。

② 张恨水：《骂亦有道》，《张恨水散文全集：最后关头》，时代文艺出版社 2015 年版，第 113 页。

半闲堂；说夫人之流，我们可以谈杨贵妃；说到大贪污，我们可以说和珅；提到了重庆政治的污浊，我们可以说雾；提到狗坐飞机，我们可以说淮南王鸡犬升天。这样谈法，读者可以作个会心的微笑。但我并没有触犯到当前的人物。”①可见，有些报人在国民党当局高压下，采取一种曲笔折中的斗争策略，既能巧妙地抨击当局，又可以保护高压之下的人身安全。

不乏国民党报人清醒地认识到新闻统制政策造成言论失常状态。马星野作为接受过美国新闻教育的人，深刻了解到这一政策的根源。在1939年的国际环境下，“新闻统制”政策因其与法西斯主义存在紧密关联而引起了强烈的反感。马星野直接批评新闻统制是法西斯主义，并指出：“主张言论统制，新闻统制的人，则主张效法于德意志、意大利。在德、意等独裁国家，报纸在政治上之地位，便是做独裁者鞭策民众的工具做独裁者制造民意的发酵素。希特勒说过：利用报纸，可以使人民视地狱为天堂……如果报纸仅仅是政治工具，如果世界上没有是非真伪之分别，则德国、意国的报纸，可谓尽了他们的使命。然而，记载时事，人民所求者为真，批评时事，人民所求者为理。牺牲了真理和正义，不许成千成万的人民说他愿意说的话，这只有中世纪黑暗时代，才有这种现象。使人民的耳聋了，使人民的眼睛瞎了，使人民的感觉神经麻木了，思想中枢麻木，这样的现象，不是我们所愿意有的，这种新闻事业，决不许存在于三民主义的社会”②。可见，马氏通过批评新闻统制是法西斯主义的观点，论证言论自由正当性，试图为国民党当局树立一个奋斗的理想目标。事实上，国内抗日民族统一战线的形成也绝不可能给赤裸裸地鼓吹“新闻统制”的言论留下任何空间，更难以获得重庆报人们的支持。

报人们从全面抗战初期服从国家民族至上，到后来面对现实的新闻

① 解玺璋：《张恨水传》，北京出版社2018年版，第399页。

② 马星野：《三民主义的新闻事业建设》，《青年中国》创刊号，重庆青年书店1939年版，第159—167页。

检查制度不得不作出调适。1944 年,《大公报》发表了一番新闻自由言论,并勾勒出了一个实现新闻理想的战后世界蓝图。

> "新闻自由"战后世界便可更充实,更健康。交通工具的发达已使世界成为一家,千里之隔,飞机朝发夕至,电话电波瞬息可通;在(这)个新时代下的个人与国家,精神上应该是与世界为友,与天涯比邻,坦白心胸,与天下同呼吸。新闻自由已是世界趋势的必然,一切捏造事实与歪曲事实的新闻政策都应该被淘汰;在民主大家庭中,国际和平,经济合作与新闻自由是三位一体。①

当时,主持新闻检查机构的董显光在回复美国友人信中谈到新闻检查只是适应特殊时期,"根据我们战时严格的新闻检查就否定我们对新闻自由的根本信仰,这完全是对我们的误解。新闻自由是我们政府的终极目标"②。可见,抗战时期重庆报人们长期处于新闻统制的高压下,对未来新闻自由充满渴望之情。在如此艰难困苦的环境下,重庆的报人群体还是迅捷地将新闻报道传递出去,让世界知道中国的抗日战争信息。

第四节　报人笔下的重庆轰炸记忆

重庆涌入大量外来人口,给原本空间狭小、财力有限的城市结构带来了严重困难。另外,日寇连续大轰炸使得重庆更是雪上加霜。从 1938 年 2 月 18 日到 1943 年 8 月 23 日,日本对重庆进行了长达五年半的战略轰炸。据统计,这段时间"日本出动飞机 5940 架次,轰炸重庆 127 次,投弹约 15677 枚,炸死市民 9990 余人,炸伤市民 10233 人,毁坏房屋 8250 幢

---

① 《赞成新闻自由》,《大公报》1944 年 9 月 29 日。

② Hollington Tong, Dateline China, p.260.

33300 间”①。其中，重庆各报大都遭到日机轰炸，房屋、机器设备及文件资料损失严重，报人为国献身多达二十二人（附录三）。重庆大轰炸造成的苦难纳入中国人民抗战的集体、政治的黏结记忆中去，这也是我们民族无法抹掉的暴力记忆。

不少兼职报人的文人曾经过着富裕生活，却在日寇轰炸下的重庆，跟难民一样，甚至有人过着牛马不如的生活，在轰炸面前跑警报，钻防空洞，目睹了国难中的悲惨场景。张恨水感慨人们生活艰难：“此间公务人员眷属虽多，而发国难财之家庭亦伙。前者日惟谋平价米之填腹，而后者则此断断然谈营养，一日不进富有维他命之食物，则惶惶然如古人之三日无君。”②王芸生也谈到读书人的生存艰难，“抗战以来，随着物价的高涨，最能感受到生活压迫的是读书人，再加僻居学府，忧国情殷，未能尽悉国事内情，迷惘于政治表象，故往往于艰苦生活中又笼罩上一层抑郁的情怀，他们就不免于憔悴了。艰难抗战中，国家忧患重重，最深沉而不易为人发现的，是读书人的憔悴与学术的萎缩”③。报人工作生活在轰炸下更加困难，“韬奋先生白天常常要到防空洞躲警报，晚上便蜷伏在油盏下面写文章、看稿子，夜晚昏暗的灯光底下不敢出门。因为那时重庆的报纸上也登载有‘剥猪猡’一类的新闻。有什么事情都是凑着白天警报的空隙时间出去。从他的家里出外，他经常用两条腿爬上三百多级石级的观音岩，然后再遥远地走到小什子银行公会去出席宪政座谈会，不坐轿，也不乘车”④。在日寇轰炸下，本来已经艰难的报人们更加生存不堪。

战火对重庆的毁灭，可以说对城市建筑结构和人们肉体进行的蓄意

① 唐润明：《关于抗日战争时期“重庆大轰炸”研究的几个问题》，《民国档案》2014年第4期。

② 张恨水：《山窗小品及其它》，北岳文艺出版社1993年版，第34页。

③ 广东省东莞市政协主编：《张荫麟先生纪念文集》，汉语大词典出版社2002年版，第182页。

④ 邹嘉骊编：《忆韬奋》，生活·读书·新知三联书店2015年版，第104页。

打击，并不能将城市集体记忆彻底抹去。这个时候最容易看到报人们抉择个人生命意义与事业前途。报人们亲临废墟的采访，重塑了战争的集体记忆，记录了这场人类战争史上灾难场景。重庆《防空军人》记录了许多房屋建筑被夷为平地，许多市民被夺走了宝贵生命的场景。如，“五日早上起来，依着昨晚回来的路线，由光华楼大阳沟一带转到油市街去，火，仍在不住地吐着毒焰，劈劈啪啪的声响，火的燃烧声，房子的倒塌声，沉重地打入人们的心坎深处，唉——在这样的场合下，我的神经真感痉挛和异样的刺痛了，昨晚经过的路线，因为光线昏暗，没有发觉什么，现在强烈的阳光下，清楚地瞧到沿途倒下的尸体，有的是给机枪扫射的，有的给房屋倒塌而压死的，有的直接死于炸弹下的，有的是给炸弹强烈震动而死的，街头、瓦砾下，都有不少的；有的是蹲着的，有的是七上八下的，更有些尸首不完整的，不留心，脚下往往会踏到断肢碎肉，那殷红的血渍，虽给泥尘瓦砾吸收了，尚可很明显地看出来”①。

美国记者白修德描述了重庆大轰炸后城市生活满目疮痍的场景，如“炸毁了的店铺，烧平了的大片土地，新房子的竹和泥的龌龊，都是战争中的伤痕，而访问重庆的客人，常被人带去看这些东西，作为它英勇的证据。苦力挑水，要挑到离河边数里之远的地方。市内最好的旅馆给客人洗澡，洗澡水是一英寸泥，一英寸水，而这还是最大的奢侈呢……电话系统还剩余的东西，是马路上成堆的乱电线。有时好几天没有电灯，因为电线炸断了修，修了又炸断了。垃圾堆满在阳沟里发臭；炸弹坑里的停滞的水孕育蚊虫，疟疾因此流行。痢疾越来越厉害，霍乱、麻疹以及一种讨厌的肠胃寄生虫亦然。最小的伤口都会腐烂而成顽疾。在东倒西歪的房屋里居住的老鼠，依赖废墟之中所能找到的东西生活，长得越来越肥而且讨厌；有时，当你在晚上踱步的时候，老鼠勇敢得可以麇集在你的脚边。据

① 罗泰琪：《重庆大轰炸纪实》，内蒙古人民出版社 1998 年版，第 401 页。

报载,老鼠咬死过小床上的婴孩"①。该文详细地记录了大轰炸带给重庆人民的沉重灾难。日本学者前田哲男也认为:"对一个城市如此长时期固执地进行攻击,不用说在航空战争史上是第一次,就是把地面部队围攻城市的历史包括在内,也是极其罕见的。"②当然,这只是记者所能看到的一部分,更多的灾难性记忆消失在茫茫历史之海。

面对重庆大轰炸的危险,不少外国记者勇敢前往实地采访,向海外发出翔实报道。美国《时代》记者约翰·哈西和自由撰稿人埃德加·斯诺记录了重庆大轰炸后的场景。他们目睹了空袭后重庆的悲惨情景。"在接连三天中,日机把重庆进行了最残暴的轰炸,任何城市都没有经受过的轰炸。它们是四川最初的猛烈突袭……好几百人被炸死在街道上,或被陷在火运营部后边,因为在二天内烧毁了十二分之一的市区。大多数炸弹都在众人拥挤的商业区爆炸,商人们和工人们都挤集在商店里和其他房屋里,它们像熟透了的甜瓜一样坍落下来。差不多有五十万左右的民众逃走了,商业停顿了,市政给破坏了。"③在零乱街头除了救援人员就是记者,他们在废墟边倾听着人们的讲述,记录城市的损失情况,得出"重庆遭受了日本空军最无情的轰炸,这是世界上任何城市都没有经历过的"结论。他们以记者的新闻敏感性,判断日军从空中对重要城市实施的战略轰炸,在某些条件下可能使这个城市陷于瘫痪。但是,重庆拥有十分特殊的条件,是一座不容易瘫痪的城市。记者斯诺断言道:"我看到了日军的轰炸,初步确信闪电空袭作战并不是神话。在某种条件下,也许能够使重要城市陷入瘫痪状态,这种方法可以达到这一目的。"④他分析日

① [美]白修德、贾安娜:《中国的惊雷》,端纳译,生活·读书·新知三联书店 1988 年版,第 17 页。

② 周勇:《重庆抗战史》,重庆出版社 2005 年版,第 10 页。

③ [美]埃德加·斯诺:《斯诺文集》三册,新华出版社 1984 年版,第 126 页。

④ 转引自[日]前田哲男:《从重庆通往伦敦、东京、广岛的道路——二战时期的战略大轰炸》,重庆出版社 2015 年版,第 128 页。

军战略突袭重庆的理论依据条件，如“连续制造恐怖是征服士气的致命要素，长时间压制上空，置民众于肉体不能承担的地步，剥夺其睡眠、粮食和娱乐，同时使正常的城市活动，如交通、工业、城市机关等一切都陷入瘫痪，失去城市的功能。第四，空袭征服士气的关键必须是地面军队进行突入和占领的准备，只有空袭后实现占领，歼灭市民的空袭作战意图才算成功”①。从战争士气看，斯诺剖析了日军妄图以空中闪电轰炸恐吓重庆人民及其毁灭抗战时期的重庆精神，这是不可能的。

战争唤起了中国人多灾多难的历史记忆，在他们留存的记忆中烙下了坚韧不拔的痕迹。诚如斯诺所言：“轰炸在中国人的脑子里唤醒了一种重建中国的决心，比敌人能够毁灭的还要快。现在让我们看看他们抱着什么希望，用什么工具干着这个不平常的尝试。”②重庆新闻界的《中央日报》《大公报》《时事新报》《新华日报》《扫荡报》《国民公报》《新蜀报》《新民报》《商务日报》《西南日报》等报馆，暂时停刊，共同创办《重庆各报联合版》。在1939年5月5日的筹备会上，推举出了程沧波、王芸生、潘梓年、陈铭德、崔唯吾、周钦岳等原各报的负责人，组成了“各报联合委员会”，由程沧波担任主任委员。5月6日《重庆各报联合版》在发刊词中声明：“最近敌机的狂炸重庆，还尽量毁灭我们的文化事业……我们同业的牺牲惨重，我们联合版的发刊，在将来的中国报业史上，永远是悲痛惨状的一页，中国现在与未来的新闻记者，决不忘这个联合版发刊时的惨痛环境。联合版所表现的精神，最显著的是团结重庆的报界……今天集合在一个组织下面发行联合版……我们对抗战的宣传，比以前格外能尽责……敌机这几天对重庆轰炸的罪行……只有促成中国各阶层社会的有组织的抵抗和反攻，重庆新闻界的联合组织，就是一个显例……重庆的新

① ［日］前田哲男：《从重庆通往伦敦、东京、广岛的道路——二战时期的战略大轰炸》，重庆出版社2015年版，第128页。

② ［美］埃德加·斯诺：《斯诺文集》三册，新华出版社1984年版，第128页。

闻界，在各种悲壮的经历中，更谋加紧我们的组织，展开我们奋斗的阵容，联合版是这种精神的一个表现。”①这个发刊词充分表达了重庆新闻界团结一致、抗击日寇侵略的决心。

无论日寇如何狂轰滥炸重庆，市民们坚定地在废墟中一次次重建城市，使一切生活恢复正常。在“一切为了前线，一切为了抗日”的旗帜下，工厂机器轰鸣、昼夜不停，工人们冒着敌机的轰炸和扫射，生产着大后方人们不可或缺的日用品以及前线将士们急需的军用品。在猛烈的轰炸声中，重庆人民并没有被吓倒，抗战意志也没有因此挫伤。消防人员与居民组成的陪都空袭服务总队，“每当敌机盘空之际，奔走弹雨之下，驰骋火海之中，出生入死，救伤恤难”②。特别是“有许多难民，即便是平时不关心国事的，这一次经过敌机狂炸的教训后，他们都自发的要求做救亡工作”③。在政府和爱国人士的号召、组织的献金运动、劳军运动和献机运动中，重庆居民纷纷慷慨捐输、毁家纾难。也许这样场景，让报人程沧波对战火重庆充满期望，“惟在重庆可以觉察战时中国的伟大；惟在重庆可以推测将来中国的希望，蓝布的制服，破烂的皮鞋，飘扬的旗帜与标语，在许多景象中表现紧张与活力。在许多情绪中透露安定与坚强。重庆的景象是严肃而简单，重庆情绪中只有国家，重庆的喜怒哀乐只有胜利与建国”④。

战火只是对城市物理空间上的毁灭，并不能摧毁人们的精神面貌。“重庆大轰炸”中的市民表现出一种平常、勇敢、幽默、坚强的乐观心态。当时，人们传唱一首民谣：“任你龟儿子凶，任你龟儿子炸，格老子我就是

① 王群生：《中日学者“重庆大轰炸”论文集》，中国三峡出版社 2004 年版，第 289 页。

② 周开庆：《四川与对日抗战》，台湾商务印书馆 1971 年版，第 80 页。

③ 陆诒：《敌机狂炸了重庆》，《群众》第 2 卷第 24、25 期，1939 年 6 月 11 日。

④ 程沧波：《香港回望重庆》，《战时记者》1940 年第 2 卷第 9 期。

不怕；任你龟儿子炸，任你龟儿子恶，格老子豁上命出脱！”①这首民谣反映了重庆人民的乐观、自信及幽默心理和精神状态。在大轰炸中，这座坚韧的城市不断得以重建，居民们继续他们的生活，喝茶、聊天，分享前线的消息，大声咒骂日本侵略者，生活在简陋的抗战夹壁房里。重庆的工厂、商店、剧院、报社等机构都已恢复，呈现出一片繁荣景象。在这座坚韧不屈的城市里，呈现出万人空巷、盛况空前的“雾季演出”，造就了一批驰名中外的电影明星和戏剧大师，他们如同镶嵌在重庆天空的璀璨星辰。重庆市民这种前赴后继、不屈不挠的精神被称赞，“赞誉此种‘重庆精神’，实为整个中华民族抗战精神的代表和象征。抗战之所以获最后胜利，就是由于此种重庆精神的发挥和贯彻结果”②。

国外友好人士纷纷通过媒体机构，表达对大轰炸中的重庆人民的支持。1941 年 3 月 31 日，美国《生活》杂志刊登《自由中国饱受轰炸的首都一直在战斗》一文，高度赞扬重庆人民的抗战精神：“美国有一个正在战斗的朋友，它在太平洋的那头，在扬子江上游 1500 英里的地方，在亚洲崇山峻岭的深处，它就是自由中国，它的首都是重庆。”③1942 年 6 月 14 日，英国驻华大使薛穆爵士在广播演讲中提到：“中国仍屹立不移，足以象征中国不屈不挠意志与决心之重庆，乃成为全世界各地家喻户晓之一名词。为各自由民族而言，重庆乃联合国家所为振奋之精神之象征；为独裁者而言，重庆乃若干民众甘冒危险忍受痛苦不接受侵略者之束缚之象征……重庆真可与世界任何城市比较而愧色。重庆之成为世界理想中之一项事物，实无足异。”④1943 年，时任美国总统罗斯福专门赠重庆一幅卷轴，“余谨代表敝国人民向重庆市获赠斯轴，以表吾人钦佩该市英勇之男女

① 纪晓松：《迁都：一个民族的救亡图存史》，天地出版社 2015 年版，第 255 页。

② 周开庆：《四川与对日抗战》，台湾商务印书馆 1971 年版，第 73 页。

③ Chungking，Free China's Much-bombed Capital Fights On.LIFE，Mar31，1941，p.93.

④ 周开庆：《民国川事纪要》下册，四川文献研究社 1974 年版，第 185 页。

市民。当该市遭遇空前未有之空袭时，人民坚定镇静，不被征服，足证恐怖主义对于争取自由之民族，不能毁灭其来精神。此种为争取自由表现之忠实，将鼓舞来世而不朽”①。在重庆生活过的美国记者白修德、贾安娜在《中国的惊雷》一书中写道：“使重庆成为把各种各样参差不齐的男女融合成为一个伟大社会的，是大轰炸！”②

第五节　报人群体的生存众象

日寇发动大轰炸对重庆报人群体是一场可怕的浩劫。重庆许多报馆毁坏、报人殉难，更加激起了报人群体的同仇敌忾。据《朝日新闻》报道：“在这场空袭中，内迁重庆的中国新闻界成了日军重点打击的目标。中央通讯社本部房屋被夷为平地，经理何思源遭受重伤；中央通讯社社长萧同兹和总编辑陈溥贤（毕业于早稻田大学，同时是本社特派员）也被埋在废墟内，一度生死不明，但后发现他们奇迹般的只受了轻伤，满身灰土从废墟中爬了出来。”③《纽约时报》特派员窦丁、伦敦《泰晤士报》特派员史密斯、纽约《论坛报》记者司徒华、中国航讯发行人史坦恩、美联社记者慕沙、合众社记者费许等外国驻渝记者的住宅均遭到破坏。那时，在重庆的报人做新闻工作，要冒着生命危险和经历着巨大的困难。这是人所共知的事实，毋庸赘述。当然，报人群体本身的工作成为衡量报业兴衰成败的价值尺度，所代表不同的政治色彩和言谈态度，都反映出当时的时代特征。

（一）国民党报人在服务抗战与当局关系中挣扎生存。在全民族奋起抗战的激昂情绪鼓舞下，国民党从上到下做足了报人服务战争的论述。当时蒋介石不管出于何种目的，一直高谈报人需要拥有爱国情怀，即“新

---

① 周勇：《重庆抗战史》，重庆出版社2005年版，第11页。

② 郑光路：《被遗忘的抗战史四川大抗战》，四川人民出版社2015年版，第289页。

③ 《朝日新闻（晨报）》1939年5月5日。

闻记者之职业，决非仅视为生活之所资，而必另有其高尚之目的……是以新闻记者必待甚厚，而自修其身，不以艰辛而改其业，不以困阻而辍其功。新闻记者所赖以维持其恒久之努力者，唯救国救世之抱负，兴日新又新之兴趣”①。国民党中宣部部长王世杰则进一步解释，新闻记者是文化兵，是同前线战士一样的握笔的“文化兵”，是站在抗战最前线的先锋战士，新闻界的责任就在于领导社会、宣扬国策。② 国民党著名报人马星野也认为，报业怎样实现自己的目标，怎样为国家和民族服务的问题，是民生主义对新闻事业的必然要求。“如果这个问题不能解决，则新闻界意志与力量无由集中，新闻界与政府步调无由一致。如果这个问题解决了，现在一派主张言论出版自由的，同一派主张新闻统制的互相争辩，也是庸人自扰，闹不必要的纠纷了。”③不难看出，国民党所定义的报人作用与责任无非是宣扬党国之策，并没有多少新鲜之处，但是如何通过统揽报人的待遇措施一点也找不到。

在抗战旗帜的召唤下，不少国民党报人在工作岗位上尽职尽力，逐渐养成了一种报国牺牲的精神。1939 年，《时事新报》经理、报人黄天鹏被推举为《重庆联合版》经理委员会主任委员并负有实际的责任。在艰难困苦的条件下，联合版鼓舞民众士气，未曾中断一日，为争取抗战胜利作出了重要贡献。事后，黄天鹏对这段经历颇为感叹：“这些秀才兵实在不易带，各报意见分歧，事权又不能统一，能够维持出版，已经不容易了”，“办了短短的三个月，在我十多年的新闻生涯，实在是最艰难最棘手的一段”。④ 时任国民党宣传部部长的叶楚伧称黄天鹏为“笔军总司令”，甚

① 陶百川：《我们的信念》，《中央日报・扫荡联合版》1942 年 12 月 11 日。

② 荣孟源、孙彩霞编：《中国国民党历次代表大会及中央全会资料》下册，光明日报出版社 1985 年版，第 485 页。

③ 马星野：《三民主义的新闻事业建设》，《青年中国（创刊号）》1939 年 9 月 30 日。

④ 黄天鹏：《中国报纸联合版的试验重庆各报联合版的创办》，《天庐论丛——黄天鹏先生执教四十年纪念文集》，（台北）黎明文化事业股份有限公司 1981 年版，第 55 页。

至蒋介石亲自给予其嘉奖。特别抗战时期的重庆，不少国民党报人坚守新闻报道岗位，遭到日寇轰炸而殉国。如“五月四日，重庆大轰炸，中央社武汉分社主任李尧卿，中央日报记者张慕真、刘治平先后死难”①。

国民党内部派系斗争复杂，矛盾众多，这为中共党员打入其报系提供了机会。因此，在国民党的一些报刊里活跃着大批的中共党员。由于抗战生产艰难，物价飞速上涨、政府经费补助相对减少，使国民党党报体系深深陷入生存困境。一方面，由于报纸材料价格不断上升，多发行一份报纸就多赔一份，其发行量一直停滞不前。重庆《中央日报》的最高发行量为1.6万份，仅占重庆《大公报》的1/4强。这种情况引起了蒋介石的极度不满：“现在我们中央以及地方各级党部对于新闻事业莫不尽量协助，量力津贴，但是我们对于发行的刊物不能尽量推销，不能收到相应的效果。”②另一方面，战争残酷、政府腐败、物价飞涨，导致抗战时期重庆人民生活水平普遍下降，也使广大中下层国民党报人处境窘迫。从1940年到1941年，重庆的食品价格随之暴涨了将近1400%。其结果是工业、运输业和其他行业的工人要求大幅度提高工资，并领到这些工资，这导致消费者开支激增，而它又导致进一步储存货物。于是，重庆通货膨胀螺旋上升开始了。③ 当时，国民党政府不得不通过一定限度地压低其雇员的薪俸来节约开支。以1937年重庆市各业人员实际薪金和工资指数为100，到1943年公务人员下降了90%，教师下降了83%，一般服务行业人员下降了43%。相反，一些官僚、权贵以及黄金、外汇、地产商人的财富却越聚越大。在此期间，地主的收入增长了24%，投机商人增长了163%，各类外汇、证券商增长了10160%。④ 可见，生活水平下降最多的是国民党当

① 曾虚白：《中国新闻史》，（台湾）三民书局1989年版，第418页。

② 蒋介石：《怎样作一个现代新闻记者》，《新闻学季刊》第1卷第3期。

③ ［美］费正清、费维恺编：《剑桥中华民国史》下卷，中国社会科学出版社2006年版，第398页。

④ 史全生主编：《中华民国经济史》，江苏人民出版社1989年版，第498—500页。

局公务人员，获利最多的只是少数特权阶层。国民党党报人员属公务人员编制，他们已由全面抗战前较优裕的待遇降到了社会底层。最坏的结果是，造成了国民党党报体系人才的大量流失。可以看到，国民党党报体系的"新闻人才之缺乏，决非由于鄙视斯业之故，而是由于生活难以维持……待遇无法提高，是使人视从事报业为畏途也"①。可以说，在处于战争环境下的重庆，国民党党报人员生存并没有得到特殊的物质待遇。

（二）中共报人群体在斗争与团结中艰难生存。抗战时期，中共在渝报人群体根据党的统一战线政策开展工作，从而逐渐成长起来。1941 年 5 月，中共中央宣传部发出关于展开对国民党宣传战的指示："在国民党区域的出版发行工作（党的和同情者的），要以精干政策战胜国民党的量胜政策，以分散政策抵抗其统制政策，以隐蔽政策对抗其摧残政策。"②中共报人们作为大后方报业的中流砥柱，敢于做真理的信徒、人民的忠仆。当国民党官员贪污、军警暴行、物价暴涨的时候，他们敢于为人民说话，为人民伸张正义。尤其抨击当局破坏民族团结、消极抵抗的行为，这无疑是需要勇气和智慧的。

在重庆期间，中共南方局书记周恩来兼任《新华日报》董事长，领导党的报刊宣传工作，扩大抗日战争统一战线阵地。报人潘梓年说，当时"在工作中有这样一个强有力的感觉——有恩来同志在！"③。周恩来不仅是一位杰出的政治活动家，也是一位业务娴熟的革命报人，当时还鲜为人知。在五四运动期间，周恩来曾创办过《天津学生联合报》《觉悟》等刊物。在旅欧学习期间，他为《益世报》等报刊撰写大量的通讯报道。在重庆期间，他经常跟《新华日报》记者谈话、提供采访线索或统一战线工作指

---

① 胡道静：《新闻史上之新时代》，世界书局 1946 年版，第 40 页。

② 中央档案馆编：《中共中央文件选集》第 13 册，中共中央党校出版社 1991 年版，第 101 页。

③ 吴玉英等编：《〈新华日报〉的回忆》，四川人民出版社 1979 年版，第 52 页。

示等。1939年5月，周恩来针对国民党当局时常干扰《新华日报》记者采访活动情况，提出新闻记者如何搞好统一战线关系问题。他给总编辑吴克坚、采访科主任陆诒两位同志写信，提出新闻采访工作的改进意见。

克坚、陆诒两兄：

采访工作计划阅毕，此计划仍未能将我日前与两兄所谈之具体意见采入，最重要者为：

一、特派员对本报采访之职责，不单限于写通讯稿，而应将通讯、搜集参考资料、供给编辑部材料、建议等定为特派员之一般的职责。

二、特派员在出勤期中，尚应为本报向预定的及同情我们的社会闻人代约投稿与写专论等，尤其在"七七"及"八·一"两周年纪念刊中，应有各战线有名将军之论文或意见，如其不愿写稿，能发表意见代其记下，亦所欢迎。请即预定此计划。

三、采访科应规定收集及处理稿件办法，如登记、分类、送阅、发表或不发表、收回、类存等，均应由采访科正副主任负责处理。

四、采访科应有专人保管材料并分类列举纲目。

五、图书室亦应与采访科连系起来。

除第二项系新的意见外，余均已说过，请考虑加入。

敬礼！

周恩来

5.27①

可见，周恩来对《新华日报》特派员采访任务作了明确规定，不仅要及时做好新闻报道，更要承担在国统区的宣传工作和统战工作。

---

① 韩辛茹：《新华日报史》，中国展望出版社1987年版，第94—95页。

在抗日统一战线旗帜下，中共报人们坚持爱国主义斗争，坚持民族独立和抗争，使进步报人心悦诚服，自动接受其思想上的领导。著名报人邹韬奋多次提出入党要求，周恩来说："你现在以党外民主人士身份在国民党地区和国民党作政治斗争，比你以一个共产党员身份所起的作用不一样，这是党需要你这样做的。"①因此，邹韬奋在重庆创办的刊物大量介绍中国共产党领导的敌后抗战，有力配合了中共在渝的宣传。为了瓦解国民党当局的反动宣传，董必武加强与重庆报人之间联系。1939 年，孔祥熙控制的《时事新报》进行人事调整。董必武建议进步人士张友渔担任《时事新报》总主笔。据张友渔回忆："董老认为是个机会，让我进《时事新报》，利用它，在宣传坚持国共合作，坚持团结、民主、抗战方面，发挥一些作用。"②1944 年 2 月，为了便于进行党外人士的统战工作，经过《新华日报》社长潘梓年的决定，享有"战地百灵"之称的著名记者陆诒被派往《大公报》担任采访部主任。③

周恩来在重庆领导以《新华日报》为核心的报刊进行斗争，主要抓政治、思想工作。由于斗争环境复杂，周恩来对报人们的思想工作抓得特别紧。当报馆迁到重庆后，周恩来便在磁器口高峰寺召集报人们开会，对抗战时局进行了一个全面分析，描绘了全局的面貌，指出了发展的趋势，当前关键问题之所在。潘梓年说，这一下子就使我们混乱的思想认识得到澄清和梳理。不但使我们从宏观上认清了时局的全貌和发展的趋势，而且也找到了今后工作的中心。这样的领导方法我还是第一次碰到。他还说，报馆在汉口大部时间是王明的，我们只是经常挨骂，就没有听说这样好的报告。④ 可以说，中共南方局及周恩来推动了重庆《新华日报》新

---

① 复旦大学学新闻系研究室编：《邹韬奋年谱》，复旦大学出版社 1982 年版，第 109 页。

② 张友渔：《报人生涯三十年》，重庆出版社 1982 年版，第 46 页。

③ 顾国华编：《文坛杂忆全编》，上海书店出版社 2015 年版，第 254 页。

④ 韩辛茹：《新华日报史》，中国展望出版社 1987 年版，第 93 页。

的党报生存局面。

《新华日报》报人石西民、陆诒等不但积极报道八路军、新四军英勇抗战事迹，而且总是及时地鼓舞大后方人民群众抗战必胜的信心。[①] 中共报人群体不仅要做好新闻事业工作，更重要的是团结一切可以团结的力量共同抗战。如，《新华日报》举行成立七周年纪念时，潘梓年在虎头岩宴请社会各界宾客。这种类似统战的交际活动得到社会友好人士赞誉。

随着抗战时期重庆生存环境恶化加剧，一些中共报人身体越来越承担不起繁重的新闻工作。报人章汉夫及同事得了严重的哮喘病，如“1939 年日寇对重庆实行‘疲劳轰炸’（即小批量轮流不息地实施轰炸），报社职工坚持在潮湿的防空洞里写稿、编报，（章）汉夫和几位同志从此感染严重的哮喘病，发作起来吃点药还是喘着干活，直到脸色铁青了，才由人急忙用滑竿抬去住几天医院”，“但病情缓解以后，又是夜以继日地忙着”。“当时的重庆，不但自然气候很坏，在蒋介石法西斯统治下，民生凋敝，特务横行，人民喘不过气；进步的文化和舆论横遭扼杀，《新华日报》更是处于极端险恶的境地。身为总编辑的（章）汉夫同志真是昼夜操劳，苦心焦思，为了争取一篇文章、一条消息的登载，几乎每天都要跟国民党新闻检查官吵架，舌剑唇枪。”[②]此外，中共报人们的待遇微薄，常常需要通宵加班工作。一旦遇到经济困难，他们每天只能勉强维持基本生活，粗茶淡饭为应付。由于生活条件的艰苦，他们无法妥善照顾自己的身体健康。

中共报人群体中有不少马克思主义理论家参加报刊工作。他们经常在《新华日报》《群众》上面发表言论，传播马克思主义思想。报人、马克思主义理论家许涤新作为重庆时期《群众》周刊的责任编辑，主持经济问题专栏，发表了大量分析经济问题的文章。在中共报人群体中，戈宝权是

① 韩辛茹：《新华日报史》，中国展望出版社 1987 年版，第 90 页。

② 郑新如、陈思明：《〈群众〉周刊史》，中共党史出版社 1998 年版，第 220 页。

一位卓越的马克思主义理论家和翻译家。在重庆期间,《群众》刊登了大量他翻译的马克思主义著作。这些作品涉及面广泛,不仅包括马克思主义理论知识、联共(布)党史资料,还有对苏联当前社会主义政治经济建设的介绍。这些翻译作品为中共提升抗战大后方马克思主义理论宣传水平发挥了重要作用。中共在渝报人群体开创了大后方抗日民主的新局面,撰写了中国新闻史上奇异的一章,不少报人作出功不可没的贡献。陆定一曾在《新华日报》上发表《人民的报纸》一文,指出:"中国记者能在重重压迫之下把人民所要知道的真实消息透露给人民,这种经验,这种本领,则远非英美记者所能及。比如一棵树,生在平坦的地方,长得很高很直,是容易的,如果在石头缝里弯弯曲曲生长起来,虽然样子矮小,确是不容易……"①这彰显在渝报人群体一丝不苟的专业态度和义无反顾攻坚克难的精神。

(三)民间报人群体在夹缝中求生存。民间报人群体的政治态度往往与国民党当局管制关系很大。一些民间报人又是国民党当局需要管控的重点对象。全面抗战爆发后,在重庆,民间报人群体办报过程中因有所作为,报人会被打压,报刊机构会被改组。当时,国民党当局从中宣部到新闻检查机构,无休止地限制民间报业发展,迫使不少报人不得不在夹缝中求生存。如,国民党中宣部不仅派人加以控制《新蜀报》,时而无中生有地加以诬蔑,甚至在重庆"青木关"处要扣留社长周钦岳。1943 年,国民党当局竟唆使潜伏在印刷厂内的特务分子,放火烧毁《新蜀报》临时迁建在化龙桥的编辑部和印刷厂。周钦岳"濒临绝境,万分无奈,迫使我商诸潘梓年同志,请求恩来同志的支援。不料,次日由梓年携来现钞若干(装在跑警报的袋里,当时大都人人如是)"②。在中共、全社职工的艰辛

① 谭元亨:《潘氏三兄弟》,十月文艺出版社 1992 年版,第 324 页。

② 周钦岳:《难忘的教诲》,中国人民政治协商会议全国委员会文史资料研究委员会编:《革命史资料》13,文史资料出版社 1984 年版,第 11 页。

奋斗和有关金融界朋友的大力支持下，周钦岳的《新蜀报》得以解除急困。“皖南事变”发生后，重庆民间报人在国民党当局的淫威下纷纷表态，攻击中国共产党及其领导的抗日军队，而《新蜀报》却迟迟不表态。蒋介石的侍从室两次强迫周钦岳的《新蜀报》言论表态。周钦岳以事关重大，不敢轻率发言，贻误大局，究竟要打日寇，或打共产党为由，拖延国民党中宣部。在蒋介石侍从们的继续威逼下，周钦岳知其毒意所在，指示主笔以“相忍为国”为题，写三百字小评，不提事变，刊在不显眼的地方，勉强了事。但是，国民党当局怀恨至深，指使特务夺占《新蜀报》，扼杀其生命。①

国民党当局企图用诱骗、高压手段渗透民营报刊，挤压民间报人的言论生存空间。1939 年 9 月开始，《时事新报》总主笔张友渔每晚到报馆写社论或修改别人的社论。张友渔始终保持着左派人士的色彩，尽可能在社论中宣传团结、民主、抗战思想。1941 年 1 月 6 日，国民党中宣部发了一条颠倒黑白的皖南事变消息，标题是《新四军“叛国”》，强令各报刊登，并要求发表有关讨伐新四军的社论。总经理张万里脸色严肃，举起手中拿着的一张纸。张万里说了使张友渔更加意料不到的话：“现在，我的处境很困难，你的处境很危险，最好早做安排。”②在疯狂反共的高潮中，一个长期跟随孔祥熙的人，在这危险的紧急时刻，表现出这样强烈的正义感，这样甘冒风险见义勇为，以诚相待。尤其令张友渔欣慰的是，他看到在国民党机构的上层人物中还有这么强烈的团结抗日的愿望，蒋介石的倒行逆施定会造成他的众叛亲离。

大多数民间报人思想开放，新闻意识敏锐，崇尚新闻自由，主张“新

① 周钦岳：《难忘的教诲》，中国人民政治协商会议全国委员会文史资料研究委员会编：《革命史资料》13，文史资料出版社 1984 年版，第 11 页。

② 中国社会科学院新闻研究所《新闻研究资料》编辑室编：《新闻研究资料丛刊》第 5 辑，新华出版社 1981 年版，第 34 页。

闻纸是国民的喉舌，社会的公器”①，标榜“不畏强权”“敢言有声”②。因此，他们积极应对国民党当局的高压手段。1944 年 5 月，《时事新报》有不少进步的报人，如陈嘉祥、林仲易、詹辱生、林亨元、孙伏园、陈翰伯、高璋卿、谢公望等。该报言论与新闻报道时常出现与国民政府国策相抵触的文字。这种情况自然不会为国民党当局所容。10 月 30 日，原《时事新报》总经理张万里突然来报馆，声称奉命接管《时事新报》。在编辑部的全体同人商议后，他们决定集体离职，以表达对此举的抗议。报社编辑部集体离职之举在中国新闻史上尚系首见，一时成为陪都之重大新闻，传遍山城。

身处这样的生存环境下，无意投靠政治派系的民间报人必须有远见，尤其在抗战时期紧缺的材料和资金方面，获得更为艰难。女报人邓季惺深谙此道，在物资供应上，她一直保持高度敏感。全面抗战时期重庆纸张供应十分紧张，当报纸的销量激增时，她就购进报社所需的纸张和材料。③ 在联合版期间，各报都不愿揽印刷工作，《新民报》则承担了印刷业务。从报纸经营的角度来看，邓季惺可以利用这个机会向国民党当局申请大田湾一所陶瓷中专学校的校舍，作为《新民报》印刷厂的场地。事后，有人说：“想不到被《新民报》捡了个大便宜！”这些实行企业化经营的民间报人，在当时复杂的社会环境下为中国报刊发展积累了可贵的经验。

（四）蜂拥而至的外国记者群体在失望中寻找报道信息。外国驻渝记者群体人数不多，圈子非常小，大家都彼此认识，却在很大程度上是影响着世界了解中国何样的特殊群体。1938 年 10 月，中国政府转移至重

---

① 陈纪莹：《追思胡政之先生》，马光仁主编：《上海新闻史》，复旦大学出版社 1996 年版，第 117 页。

② 胡政之：《社庆日追念张季鸾先生》，（上海）《大公报》1946 年 9 月、10 月。

③ 宋素红：《女性媒介：历史与传统》，中国传媒大学出版社 2006 年版，第 235 页。

庆。相较于上海,重庆更接近印度,因此这座山城成为采访亚洲陆地战场新闻的重要基地。各国记者纷纷到来,有些是为了短期采访,有些则是常驻报道,还有一些跟随政府和难民涌入重庆。这些外国战地记者成为各自报刊的明星,尽管他们的报道有时未能准确记录所见所闻,但由于撰稿者的知名度,总有大量读者认真阅读。虽然名义上各国及中国仍存在新闻审查制度,但报刊编辑对于宣扬爱国主义精神、摒除政治分歧并支持盟国的文章持鼓励态度,一律放行。许多人满怀希望抵达重庆,准备报道盟国的反抗斗争,但现实却令他们震惊不已。① 如,1939 年 6 月,《纽约时报》记者蒂尔曼·窦奠安从这个被围困的潮湿城市给驻华武官埃文思·卡尔逊写信,描述他所见之局面:

> 重庆之行绝对是件令人失望的事。这里的气氛松弛。大家都在捞钱,就连董显光的部下也都插手餐饮、制砖和运输等行业。我觉得中央政府的人过于忙着"重建",几乎忘记了战争的存在;千里之外的前线战火蔓延,这里却鲜有人察觉,这是很危险的。②

在这些外国记者中,埃德加·斯诺初到重庆留下了深刻印象:"1939 年初夏我第一次拜访重庆,这是一块充满湿气、闷热、不洁和混乱的地方。转移到这里的中央政府正抓紧空袭的间歇,致力于引进建设秩序的技术,重庆四周没有多少可以伸展的空间,完全是无计划发展的中世纪城市,平时拥有 50 万人口,如今减少了十数万,这个数字每到黑夜就逐渐增加,当月光映照在黄色的长江上,人数就迅速地减少。交通工具的发展速度如农村一样缓慢,没有出租车,只有洋车,可以指点拉车夫去哪到哪,但去市

① [英]法兰奇:《镜里看中国》,中国友谊出版公司 2011 年版,第 265 页。

② [美]埃文思·卡尔逊:《卡尔逊论战时中国(1937—1941)》,外文出版社 2004 年版。

区的一条街道也需要两个小时。"[①]可见，抗战时期重庆的落后、沉闷、无聊气氛给驻渝外国记者留下了深刻印象。

随着中国抗战成为世界反法西斯战争的重要组成部分，中国的战讯受到世界的注意，中国新闻的价值也随之提高。但是，由于战争的限制和交通阻碍，外国记者很难亲自采写新闻，特别是有关战争方面的新闻，不得不向国民党宣传部门索要材料。当然，大多数时候无法拿到真实材料。一旦有机会了解抗战信息，他们热情似火前往采访。斯诺在全面抗战时期前往延安采访，描述了他所看到的一番欣欣向荣的发展场景："在城墙外面，一座新城正在兴起。沿着峭壁的背阴里，数百幢新房排列成行。一层层新开的窑洞张着打哈欠似的大嘴，在山坡上排列数英里之长。大约有四万人从事战时的各项工作，整天从窑洞中进进出出。他们俩的智谋和勇气令人钦佩，也许还会令人不安地预示着这种居住方式早晚会在全世界普及，因为轰炸机正在绕着地球飞行呢。"[②]事实上，抗战时期重庆防空洞存在数量不足问题，"重庆正挖掘宽敞的公用防空洞，但估计有三分之一的人口仍得不到保护"。可以说，他在短期内调查得到的结论，确实是一位地道的"中国通"[③]。继斯诺 1936 年访问延安著有《西行漫记》之后，他的夫人海伦·福斯特·斯诺接踵而至，撰写《续西行漫记》一书，影响颇大。1939 年 9 月，斯诺在延安与毛泽东再次进行长谈。毛泽东畅谈了中国共产党的性质和任务、中国的民主运动以及当时的国际形势，并准确地预见到未来形势的发展。经过斯诺报道后，"毛泽东的见解在重庆

① ［日］前田哲男：《从重庆通往伦敦、东京、广岛的道路——二战时期的战略大轰炸》，重庆出版社 2015 年版，第 127 页。

② ［美］洛伊斯·惠勒·斯诺：《斯诺眼中的中国》，中国学术出版社 1982 年版，第 170 页。

③ 中国人民政治协商会议重庆市渝中区委员会文史资料委员会：《重庆市渝中区文史资料》第 16 辑，2006 年版，第 240 页。

引起了反响”①。中国共产党人形象由此进一步走向国统区及世界。

由于相似的工作经历,驻外记者们可以较为容易地交流相互之间的报道工作。在斯诺、史沫特莱的影响下,越来越多的外国记者冲破国民党的严密封锁,前往延安及敌后战线,了解中国共产党领导的敌后抗战活动。在重庆“驻华外国记者联盟”中以布鲁克斯·阿特金森为首的记者多次请求国民党当局批准,前往陕甘宁边区访问,最终蒋介石批准了他们的请求。1944 年 5 月 17 日,中外记者组成“中外记者西北参观团”前往延安采访。这次陕北之行给外国记者们留下了深刻的印象。他们对此给予崇高评价:“五年以来对于世界大部分人是秘密的,共产党领导下的军队,在对日战争中是对于我们有价值的盟友,正当地利用他们,正像正当地利用巴尔干游击队一样,一定会加速胜利。”②他们将中国共产党政策方针及其边区的真实情况迅速传播到海外。正如美国学者肯尼斯·休梅克所说:“在某种意义上说,记者团的西北之行可以同埃德加·斯诺 1936 年赴保安相提并论。这两次对国民党封锁的穿越,标志着西方在中国共产主义问题上,已经从那种强制沉默和全然无知的年代中走了出来。在 1944 年到 1945 年间,外国记者的文章向人们展示了一件已经消失很久的东西,即有关中国共产党的权威性资料。”③在重庆,周恩来及中共代表团成员经常举行记者招待会或利用国民党媒体平台,与一些外国知名记者频繁交往,如斯诺、史沫特莱、斯坦因、爱泼斯坦、白修德、窦登、杜尔亭、费希、武道等。这些交往活动解除了外国驻渝记者群体对中国共产党及其根据地的神秘性面纱和长期被国民党攻击、抹黑、污蔑的形象。另外,

---

① [美]埃德加·斯诺:《为亚洲而战》,新华出版社 1984 年版,第 238 页。

② 谷长岭、俞家庆编:《中国新闻事业参考资料》,中央广播电视大学出版社 1987 年版,第 367 页。

③ 任文主编:《国际友人在延安》,陕西师范大学出版总社有限公司 2014 年版,第 225 页。

中共代表团成员的人格魅力深深吸引不少外国记者,赢得他们对中共的同情与善意。驻渝女记者玛格丽特·贝姬·窦丁曾经描述了重庆中共代表团成员活力四射、开放包容的魅力。

周恩来的说服力和智慧,国民党方面无人能够望其项背,那是一种令人着迷的个人魅力。同样,国民党方面也无人能够匹敌周恩来的公共关系负责人龚澎,这位温柔、可爱、美丽的女士,是我见过的最令人印象深刻的公共关系官员。①

外国记者向其国内发回的中国抗战消息,除来源于国民党宣传部门外,还有中央社的综合报道英文新闻稿。关于这些官方宣传,外国记者们往往弃之不用。史迪威事件不仅是中美两国关系的分水岭,对派驻在重庆的国际新闻机构代表们而言,亦是一个时代转折点。特别是美国记者们,大多数对国民党当局一切措施表示不满,诸如新闻检查放宽尺度、开放前往陕北采访的禁例。正如美国汉学家费正清所说:"中国对西方宣传中所作的有害的粉饰太平,不过是任何中国政权在国内粉饰太平的必然结果。新闻局和董显光(新闻局长)并不打算叫我们看见真实情况,至少不愿我们太多了解真实情况,以至有朝一日戳穿肥皂泡,使中国落到遭人嘲笑的地位。他们无非是在应付眼前的压力,其中主要是政府靠威信来维持这个传统。"②最终,他们不得不将注意力转到大后方的政治经济形势、人民生活的苦难、不法商人发国难财、政府要人和社会上层的腐败劣迹等。此外,外国记者们对国民党、民主党派、民主人士和中国共产党之间关系颇感兴趣。当然,这类稿件难以通过国民党当局的新闻检查。

---

① [荷]张克雷:《走向平等——战时重庆的外交界与中国现代外交的黎明曙光(1938—1946)》,重庆出版社 2017 年版,第 193 页。

② [美]费正清:《中国之行》,新华出版社 1988 年版,第 105 页。

第二章　拓宽大后方党报生存空间的领路人:潘梓年

《新华日报》在"国统区"公开出版期间,潘梓年一直担任社长,是新中国成立前主持党报时间最长的报刊活动家,被称为"中共第一报人"。潘梓年主持《新华日报》期间,既是"党报组织的筹建者"、"党报思想建设的倡导者"、共产党报纸在"国统区"求发展的"领路者",也是"党报管理方法的探索者"和"勤奋写作、笔耕不辍"的新闻工作者,他为《新华日报》所提出的"编得好、出得早、销得多"的口号直到今天仍然不失其现实价值。

——马艺:《中国新闻传播史论》

第一节　"筚路蓝缕"的重庆经营

为了实现真正意义上的国共合作,唤起民众坚持抗战的毅力和决心,卢沟桥事变后中共决定在国统区创办一张公开党报,并获得蒋介石同意。1937 年 10 月,周恩来指示中共代表团在南京筹备出版《新华日报》,潘梓年、章汉夫、钱之光等陆续聚集南京,由董必武、叶剑英、博古等人召集他们商议筹备工作。但是,随着日军步步紧逼,国民党一再败退,南京办报已不现实。经过紧张周密的筹备,1938 年 1 月 11 日,《新华日报》在汉口府西一路149号诞生了,中共长江局决定潘梓年担任党报委员会委员、新华日报社社长、《群众》社长兼主编,被誉为“中共第一报人”。

中国共产党人相信,新闻报刊应当是掌握在统治阶级政党手中,它应是进行阶级斗争的一种有力的工具。① 因此,中共一定会利用新闻报刊进行思想宣传,使党的纲领路线、方针政策、工作任务和工作方法,迅速地跟广大人民群众见面。《新华日报》出版后,中共中央在《关于党报问题给地方党的指示》中指出:“由于过去党处在长期秘密工作之下,不能发行全国性党报,因此对于党的各项政策只能靠秘密的油印刊物传达,这样就养成同志们不了解党报的作用。在今天新的条件之下,党已建立全国性的党报和杂志,因此必须纠正过去那种观念,使每个同志应当重视党报,读党报,讨论党报上的重要论文。党报正是反映党的一切政策,今后地方党部必须根据党报、杂志上重要负责同志的论文当作是党的政策和党的工作方针来研究。在党报上下列几种论文:(一)新华日报上的社论;(二)新华日报、解放、群众(此处指解放周刊和群众周刊—笔者注)上中央政治局负责同志的文章,必须在支部及各级委员会上讨论和研究。”②中共中央文件指出:“各地方党部应当尽一切力量来帮助新华日报”,“每个支部应有一份新华日报,每个同志应尽可能定一份新华日报,并帮助推销和发行”,“帮助建立通讯工作”,“以达到加强报纸与群众的联系”。③ 党赋予党报坚持党性原则,联系实际,联系群众的优良作风,奠定了《新华日报》成长的职责与使命。

《新华日报》身处抗战时期的国民党统治中心,政治生存环境比较险恶,又缺乏财政支持。然而,这些问题并未阻碍《新华日报》的发展。这

① 《发刊词》,《红旗日报》(创刊号)1930年8月15日。

② 中央档案馆编:《中央关于党报问题给地方党的指示(一九三八年四月二日)》,《中共中央文件选集》(一九三六——一九三八年)第十一册,中共中央党校出版社1991年版,第489页。

③ 石西民:《报人生活杂忆(二)》,《新闻记者》1984年第4期。

因为《新华日报》有一支比当时任何一家大报都无可比拟的新闻人才队伍。当时报馆聚集了一批文化精英人才，如潘梓年、熊瑾玎、华岗、吴克坚、章汉夫、楼适夷、杨放之、许涤新、何云、石西民、戈宝权等。随着《新华日报》在重庆立足，报社继续扩大人才引进，如胡绳、乔冠华、廖沫沙、林默涵、夏衍、刘白羽、周而复、熊复、张友渔、陆诒等。这些新闻精英为中共报刊日后在重庆发展，提供了坚实的人才基础和办报经验。

1937 年 12 月，中共中央决定成立长江局，王明任书记，周恩来任副书记，领导南方和大后方地区党的工作。王明主持中共长江局工作期间，担任党报委员会主席，主管《新华日报》工作。他说："我要用欧洲的经验来抓宣传工作。"①潘梓年对这种背离国情的教条主义办报方式，表示愤慨，"我们经常在电话中受到琐细的指责，王明的架子很大，不高兴时张口就骂人，王明爱写长篇文章，刊登时要用大标题，还要登他的照片。有一次，他看小样，嫌他的照片不够大，便亲自到排字房让工人给他换一张的"②。王明的右倾投降主义和独断专行的作风，引起了报馆同人们的普遍不满。王明为了排除异己，常以派战地记者的手段，将华岗、章汉夫等挤出报馆，还企图把性情宽厚的潘梓年调回延安。恰好中共六届六中全会纠正了王明的右倾投降主义路线，他的险恶用心被制止。③

潘梓年、李克农率领《新华日报》和八路军办事处的一百多名工作人员撤离武汉前往重庆，他们乘坐的江轮被日机炸沉，二十五人不幸遇难。经过一个多月的颠沛辗转，抵达了重庆。1938 年 10 月 25 日，在中国青年记者学会举行的交谊会上，潘梓年拖着疲惫的身体愤怒控诉了日本侵略者的暴行，并对新闻界今后的工作发表了意见。他大声疾呼："今后报纸发行网不应再局限于较大的城市，而应该注意到小村镇，使民众都能见到

---

① 徐畅：《华岗与〈新华日报〉》，《福建党史月刊》2009 年第 6 期。

② 韩辛茹：《新华日报史》，中国展望出版社 1987 年版，第 37 页。

③ 石西民：《报人生活杂忆（二）》，《新闻记者》1984 年第 4 期。

报纸，迅速提醒他们对抗战的认识和帮助，这是使报纸更能帮助抗战刻不容缓的问题。”①同日《新华日报》发表社论《本报移渝发刊》向重庆各界表明抗战决心，凝聚起强大舆论力量，营造了良好舆论氛围。

> 日寇猖狂不已，国家破碎更甚，但是我们炎黄子孙斗志亦愈坚，我们绝不为一时的军事挫折而张皇，绝不为某些大城市之得失而动摇，绝不为国际间局势之变幻而眩惑，我们将继续地坚定地英勇地不屈不挠地进行持久的自卫抗战。本报深愿与读者诸君及全国同胞共同一致地高举坚持抗战、坚持持久抗战之旗帜，在民族解放战争的洪荒中，树立起独立自由幸福的新中国的根基。②

《新华日报》的到来，给抗战时期重庆新闻工作注入了新的活力。在重庆，潘梓年在周恩来同志领导下坚持新闻宣传与统战工作相结合，奔波于社会各界人士之间，架起抗战大后方统一战线的桥梁。

在艰难困苦的环境中，潘梓年以党报人的坚定信仰和执着追求，一边坚持办报，一边总结经验教训，提出“办报是宣传文化事业，同时也是一种企业”③的观点。《新华日报》在潘梓年的具体领导下，也实践着这个观点，他们自办纸厂、降低成本、扩大销路、开办广告、厉行节约等方面，处处体现着潘梓年的“办报是宣传文化事业，同时也是一种企业”的观点。在《新华日报》尚未改进设备之前，首要的任务是进行人事调整。报馆当时约有一百二十多名员工，大多数是由个人介绍进入的，他们的背景和成分非常复杂。这种复杂的人情关系和亲戚关系对于整个教职工队伍的管

---

① 石西民、范剑涯等编：《新华日报的回忆（续集）》，四川人民出版社 1983 年版，第 5 页。

② 《本报移渝发刊》，《新华日报》1939 年 10 月 25 日。

③ 《新华日报的回忆》，四川人民出版社 1980 年版，第 526 页。

理非常不利。因此,潘梓年开始对报馆人事进行整顿,开除了十四名员工,并规定新的招聘人员必须经过党组织审查。同时,他还建立了党支部,发挥党员的核心作用,扩大报馆的影响力。

《新华日报》的主要功能之一是传播新闻消息。新闻时效性至关重要,在抗战时期,人们对前线新闻的需求尤为迫切。因此,为了满足读者的需求,提高新闻的时效性,潘梓年致力于提升《新华日报》的新闻采编和发布效率,同时进行设备改进。在他的推动下,《新华日报》努力提高工作效率,力争在早晨六点半之前发布新闻,并提出“赶在别家报纸之前”的口号。经过几个月的努力,报纸发行量突破了两万份大关,吸引了更多的读者。老报人熊复回忆:“《新华日报》抢在《大公报》之前发行,早出一个钟头,就可以多发 1000 份到 1 万份。”①在此基础上,潘梓年提出“编得好、出得早、销得多、印得清”的经营理念,保证《新华日报》在重庆的覆盖面和影响力。

从生存态势而言,新华报人必须在重庆报业的激烈竞争中探索一条巩固党报阵地的方式。《新华日报》作为一家政党报纸,起初注重政治影响力而忽视经济效益,导致其广告收入难以企及市场化程度高的民营报纸,维持其庞大开销比较困难。在注重政治影响力的前提下,如何突破办报资金困境,实现经营收入增长,是《新华日报》经营的难点和热点。因此,潘梓年提出,“要开展广告业务,把报纸的十分之三版面用来刊登广告。除了增加报纸收益外,还能使我们在工商界和自由职业者中开展统一战线工作”②。严格来说,经济实力增长可以支撑党报的新闻传播力。

在此理念下,潘梓年为党报减轻不必要的社会负担,拓宽广告经营思

① 胡太春:《中国报业经营管理史》,山西教育出版社 1999 年版,第 154 页。

② 左扬:《〈新华日报〉广告刍议》,重庆、成都《新华日报》《群众》周刊史学会编:《新华之光——〈新华日报〉〈群众〉周刊史学术研讨论文集》,重庆出版社 1993 年版,第 408 页。

路,保证办报资金充裕。《新华日报》创刊之初为了扩大影响力便赠阅,赠阅比例往往高达百分之三十,如救亡团体刊登启事和广告一概不收费。后来导致此类广告纷至沓来,广告就算占据所有的版面还不够用。潘梓年提出优惠收费表示优待。由于赠阅数量太大,纸张、油墨等材料费用过高,《新华日报》一度出现亏损。报馆迁至重庆后,潘梓年和同人们总结了报刊经营管理方面的经验教训,开始重视拓展广告业务收入。随后,他们将以前赠送的报纸减到三百份,广告适当收费,广告收入由每日六七百元翻了几倍,并以扩大编印新群丛书等办法增加收入。在重庆时期,潘梓年为了拉到更多的广告,亲自带领报馆同人们到工商界拉广告客户,争取地方上一些大银行、商号、百货公司支持,如川康银行、平民银行、聚兴诚银行、永兴隆商号、川盐、上川实业公司、少成美百货公司、南洋兄弟烟草公司等,甚至国民党报刊的广告人员也经常送来广告业务。后来,国民党当局发现这种情况,逼迫不少大企业、公司停止在《新华日报》上刊登广告,威胁刊登广告客户的生命安全,"国民党威胁我报刊户,阻止刊户刊登广告的方式很多,比如直接控制所属机关,命令其不准在我报刊登广告,或者写恐吓信,利用什么'除好团'名义,或写匿名的恐吓信,如最近寄发刊户的匿名信云:'他们信仰什么主义,《新华日报》是……的,快抽回你所刊登的广告,如实不然,后果不好!'"①为了顶住国民党蓄意破坏和报刊生存的压力,潘梓年带领报馆同人们经常开动脑筋,不断创新,拓展图书联合广告、电影戏剧、医药和文化生活等业务,注重在广告设计方面体现地方特点,如迎合四川、江浙等广告主的喜好,吸引不少客户,增加了报馆收入。

纸张材料是报刊生存的第一战略物资。抗战时期重庆物资匮乏,供

---

① 左扬:《〈新华日报〉广告刍议》,重庆、成都《新华日报》《群众》周刊史学会编:《新华之光——〈新华日报〉〈群众〉周刊史学术研讨论文集》,重庆出版社 1993 年版,第 416 页。

应紧张，物价飞涨，纸张供应尤其困难。有报人感叹道：“一个报馆，如果没有足够的纸张以供印刷，以广发行，那么，虽有正确的好文章，很多的好消息，也是空的。所以采购纸张，是每个报馆的一种中心工作。”①为了解决纸荒问题，国民党当局先后制定《非常时期纸张调节办法》《非常时期取缔日用重要物品囤积居奇办法》《管理国产机制白报纸及米色报纸暂行办法》《管理重庆市手工业纸张暂行办法》等规章制度来统筹抗战时期的纸张等物资。对报馆来说，没有纸张如同老百姓没有粮食生存。《新华日报》的纸张供应主要凭注册向国民政府申请分配，经常遭到国民党当局蓄意打压，无形中增加了印刷成本。因此，潘梓年经常在重庆报界公会上据理力争，争取平价纸张。这种方法并不能解决《新华日报》的纸张短缺。为了压缩报刊成本、保证长期和稳定供应，潘梓年与总经理熊瑾玎决定利用四川的竹林资源，派苏芸以商人身份创办川东纸厂。川东纸厂的中共职工钻研技术、改进管理，提高了纸张的质量，解决了《新华日报》面临的艰巨任务。当时，重庆报刊用土纸或嘉乐纸，报纸印得模糊不清，只有《新华日报》纸张“印得清”，读者们和广告客户非常满意。有客户称：“登你们报纸的广告虽然有危险，我也不怕，是要登的，因你们报纸版面印得清晰，看得见。”②爱国人士李公朴先生写诗称赞《新华日报》创造了“奇迹”。许多读者把这个“奇迹”同国民党当局的腐败无能联系起来，无形中扩大了中国共产党在大后方的影响力。可以说，这种“筚路蓝缕”的艰苦创业历程处处体现潘梓年所提倡“办报是宣传文化事业，同时也是一种企业”的经营管理理念。

---

① 潘梓年等：《新华日报的回忆》，重庆人民出版社 1959 年版，第 60 页。

② 左扬：《〈新华日报〉广告刍议》，重庆、成都《新华日报》《群众》周刊史学会编：《新华之光——〈新华日报〉〈群众〉周刊史学术研讨论文集》，重庆出版社 1993 年版，第 411 页。

第二节　斗争中求团结的统战艺术

全面抗战初期，毛泽东认识到中华民族抗战要取得胜利，中国共产党必须采取团结与斗争的手段，才能保证抗战胜利，故一再强调，“抗战、团结、进步，这是共产党在去年‘七七’纪念时提出的三大方针。这是三位一体的方针，三者不可缺一”①。可以说，中共抗日统一战线方针有力地指导了重庆《新华日报》发展。这是因为，在重庆期间，《新华日报》遭到国民党当局层层打压，不得不采取各种手段应对。周恩来提出灵活斗争的策略：“在斗争上，我们要不失立场，但不争名位与形式；我们要坚持原则，但方法要机动灵活，以求达到成功；我们要争取时机，但不要操之过急，咄咄逼人。”②因此，潘梓年及其《新华日报》在中共南方局领导下争取一切可以争取的抗战力量，团结一致进行抗战，取得了良好的宣传效果。

（一）突破国民党当局的报刊检查与发行网封锁。国民政府先后颁布了《修正新闻检查标准》《修正战时新闻禁载标准》《战时新闻违惩罚办法》等法令，规定所有报纸于出版付印前，其内容都必须经新闻检查机关审查、通过等程序。为了应对国民党当局刁难式的新闻检查，《新华日报》往往采取软硬兼施的手段以突破其打压。

大后方的新华报人忠实贯彻党报的党性原则，经得起任何风险考验。1939年9月16日，毛泽东在对中央社、《扫荡报》、《新民报》的记者谈话中提到取消“反共”的“限制异党活动办法”，并表达中共对待摩擦的态度是“人不犯我，我不犯人，人若犯我，我必犯人”，这次谈话内容要想得到新闻机关的“放行”是绝对不可能的。经过深思熟虑，潘梓年和报馆同人

① 《毛泽东新闻工作文选》，新华出版社2014年版，第68页。
② 《周恩来统一战线文选》，人民出版社1984年版，第44页。

决定“冒险”违反新闻检查规定,在10月19日的《新华日报》上以半版篇幅刊登了这篇具有爆炸性的谈话,并附有毛泽东的照片。这篇文章不仅彰显了中共争取实行民主政治的主张,更重要的是表明了中共在处理国共摩擦问题上的坚决立场,这无疑是中共在政治斗争方面取得的重大胜利。然而,由于未能阻止该谈话见报,蒋介石对此大为愤怒,作为负责新闻检查的潘公展随即给予《新华日报》“本月二十日停刊一日”的处分。在贯彻党性原则方面,潘梓年与其他报人迥然不同,他有着鲜明的纪律性和统一的组织原则,在交涉中明确指出:“《新华日报》是中国共产党的机关报,刊登中共领袖毛泽东的谈话是理所当然的,若因此罚停刊一天,势必贻人口实,影响两党的合作,对抗战不利。为了顾全大局,最好还是收回成命,不停刊。”①潘公展拒绝交涉要求,并派宪警特务监视《新华日报》印刷厂,不准出版。除给国民党中宣部部长叶楚伧一封抗议信,潘梓年还请辛亥革命元老、《新华日报》董事吴玉章先生出面协调。10月23日《新华日报》刊登《本报回答各界人士询问启事》一文,指出:“虽经多方交涉,未获谅解。本报为顾全团结大局起见,被迫停刊一日……各界人士纷纷函电询问特此感谢。”②潘梓年借助这则启事停刊一天,一方面向社会各界人士澄清原委,另一方面揭露了国民党当局虚假的新闻自由。

面对这次停刊危机,潘梓年和总编辑吴克坚联名给叶楚伧写了一封措辞强硬的抗议信:“现在外间人士、中外记者、本报读者及对《新华日报》不见发行,多所揣测,纷纷致函询问,敝报为解释各方之猜疑,回答读者之询问,或则允许发行20日之报纸,或则允许登载启事,说明停刊之原委。何去何从,明示祗遵。先生为蒋委员长指定解决《新华日报》问题之负责人,用特陈明经过,至祈出面主持,以维两党关系,而固全国团结。”③

---

① 马艺:《中国新闻传播史论》,新华出版社2007年版,第236页。

② 马艺:《中国新闻传播史论》,新华出版社2007年版,第236页。

③ 韩辛茹:《新华日报史(1938—1947)》,重庆出版社1990年版,第137页。

可以说,这封信的效果颇佳,最终该事得到解决。

随着斗争形式变化,新华报人创造了不少突破封锁的方法。1940 年 1 月 6 日,国民党当局再次强令《新华日报》删除其如匕首一样锋利的社论。于是,《新华日报》采取“开天窗”形式应对国民党当局的暴检。1941 年 1 月 17 日,国民政府军事委员会发言人就皖南事变发表谈话,声称该事件是为了整顿军纪,并惩处新四军的“叛变”行为。周恩来在得知上述消息后愤怒地指责何应钦:“你们的行动使亲者痛,仇者快。你们所做之事正是日寇想做但未能实现的。你何应钦将成为中华民族的千古罪人。”周恩来指示新华日报社拒绝刊载所谓的国民政府军事委员会的“通令”和发言人的谈话内容,坚持正常出版报纸,并制定了各种可能情况下的对策。18 日,《新华日报》刊登了周恩来的题诗:“千古奇冤,江南一叶。同室操戈,相煎何急?”诗的上首醒目地写着九个大字:“为江南死国难者志哀。”①18 日清晨,刊有周恩来题词的《新华日报》通过发行人员巧妙地避开国民党当局层层封锁的限制,成功送达给读者,并出现在重庆大街小巷上的阅报墙上。“报纸销量从平时的一千份销到五千份,从一角钱一张涨到三十块一张,甚至某个英国人为着要看当天的《新华日报》,竟出到八十块钱才买到一张。据说他还费了九牛二虎之力。”②在皖南事变报道过程中,周恩来、潘梓年领导《新华日报》做到有理有节,使全国人民了解了新四军被迫害的真相。

在发行方面,国民党当局对《新华日报》是“准你编报,不让你出版”。据国民党密报:“《新华日报》目前之销数,日达一万五千份,已与《大公报》

---

① 刘孝良等:《周恩来统一战线的理论与实践》,安徽人民出版社 1989 年版,第 111—112 页。

② 王明湘:《周恩来同志在重庆没有卖过〈新华日报〉的调查》,中国人民政治协商会议四川省重庆市委员会文史资料研究委员会编:《重庆文史资料选辑》第 6 辑,中国人民政治协商会议四川省重庆市委员会文史资料研究委员会,1980 年版,第 75 页。

之销数成相等数字”,“除防止工友订阅该报外,同时会商中宣部决定对策,务使该报销数量逐渐减少”。① 因此,他们通过控制报贩和邮局,破坏《新华日报》发行网,迫使《新华日报》只得用自己的报差送报。原《大公报》重庆分馆经理王文彬认为:“《新华日报》最困难的是发行工作。国民党企图使《新华日报》印得出来,发不出去。《新华日报》不管他那一套,组织了自己的报童、报丁队伍。”②每当《新华日报》发表重要新闻或言论时,经常遭到国民党军警、特务的拦截,他们没收报纸,殴打报丁、报童。因此,每当报纸发行遇到阻挠时,潘梓年就动员报社所有科室的人员和工人,一起上街卖报。因此,他成了国民党特务经常跟踪的重点对象,甚至两次被拘捕。

在报馆内部,潘梓年能融洽地处理好同事关系。他经常戴一副近视眼镜,脸上总挂着笑容,和蔼可亲,平易近人,连报童们都喜欢和他“摆龙门阵”(四川话是聊天或讲故事的意思)。这些报童都是贫苦人家的孩子,报馆为了打破国民党当局的新闻发行封锁,建立了这支自己的发行队伍。“他们有的时候靠两腿跑十几二十里的路,把报纸直接送到订户手里,较远的还要抱着一大捆乘公共汽车往外送,至于外地就要报馆在那里设的分销处用纸版复印发行。这批报童为数 100 多,没有一天不要同国民党的特务搏斗,常常还要被打被押。他们虽然也有一定的工薪,但主要是靠政治觉悟的提高才能对工作保持着饱满的热情和坚强的斗志。”③因此,潘梓年特别关心报童的工作和生活,嘘寒问暖,与他们谈心,如同对待自己的子弟。他在回忆《新华日报》的文章中,每次都提到报童,都说“这群孩子是既坚决,又顽皮聪明”,说“他们出身贫苦,没有受到学校教育,

① 中国第二历史档案馆编:《民国档案史料汇编》第五辑,江苏古籍出版社 1998 年版,第 530 页。

② 胡太春:《中国报业经营管理史》,山西教育出版社 1999 年版,第 151 页。

③ 潘梓年:《潘梓年文集》,江苏人民出版社 1990 年版,第 358 页。

却为革命事业做出了可贵的贡献”。① 我们通过字里行间可以看到一位长者的仁慈风貌。

在潘梓年的领导下,《新华日报》发行队伍越来越具有战斗力、生命力。据《新华日报》校对编辑秦铁民回忆:“在重庆海棠溪有一个国民党警察派出所所长,坚决不允许在他的管辖区域内售卖《新华日报》。报社有个报童非常执拗,偏要去那卖报。结果,报纸常常被收缴,自己也经常挨打,但报童就是不服输。后来有一天,这个派出所所长又把报童抓到办公室里,但一反常态,他告诉受惊的报童,以后他每天在窗台上放5分钱,让报童给自己带一份《新华日报》。原来,派出所所长每晚都在读收缴来的《新华日报》,渐渐被感化了。”周恩来评价《新华日报》的报道:“能够动人的宣传,是活生生的事实,在铁的事实面前,就是顽石也会点头的!”②

国民党当局赤裸裸地将重庆新闻检查机构设到《新华日报》报馆门口,监视报馆的一举一动。潘梓年与国民党当局进行交涉,且不卑不亢地说:“你们的新闻检查已经很不光彩了,如果还要把检查机构摆在我们报馆的大门口,那就要在新闻史上留下最肮脏的一页。这是你我都负不起的罪责;你愿意,我不敢赞一词;我是只好敬谢不敏了。”③可见,他面对国民党当局的卑劣行为敢于斗争,维护《新华日报》的合法权益。新闻教育家顾执中评价:“他为人极仁厚朴素,而对党极忠诚,他天天在艰苦之中,为了《新华日报》的生存与反迫害,不断地跟国民党反动派作誓死的斗争,是在抗战的岁月中,在新闻战线上斗争得极为剧烈与勇敢的报人。”④

① 中国人民政治协商会议江苏省宜兴县委员会文史资料研究委员会:《悼念潘梓年同志》,《宜兴文史资料》第2辑,1982年版,第41页。

② 《漫漫六十九年后,首次从重庆回到“娘家”——九旬老校对遥忆当年新华日报》,《新华日报》2015年6月26日。

③ 潘梓年等:《新华日报的回忆》,重庆人民出版社1959年版,第9页。

④ 顾执中:《战斗的新闻记者》,新华出版社1985年版,第440页。

（二）开展重庆新闻界声讨反汪汉奸运动。在中共南方局领导下，潘梓年及《新华日报》参与的反对汪精卫投敌叛国的斗争，是一场反对抗日统一战线内部投降派的斗争。他在抗战初期就指出投降主义对统一战线的严重性危险，“它能使一部分爱国同胞受了它的影响自己还不知道，它可以使我们统一了的战线发生分化与破裂。换句话说，汉奸活动只能使抗战受到局部打击与损害，而且容易加以补救；投降主义，如果不及时加以克服，它会使整个抗战陷于无法收拾的绝境”①。1938 年 10 月，日军占领武汉和广州后，中国抗日战争逐渐转入战略相持阶段。面对日本侵略者坚持灭亡中国的总方针，他们调整了侵华的战略和策略，并加强了对国民党政府的政治诱降。在这一背景下，国民党副总裁、国防最高会议副主席汪精卫于 12 月 18 日离开重庆，公开叛国投敌。由汪精卫汉奸集团控制的《南华日报》《天演日报》《自由日报》等媒体大肆宣传失败主义和投降主义，成为他们叛国投敌的重要宣传阵地。

汪精卫叛国投敌的行为激起了广大香港同胞的愤慨。在此背景下，香港报贩公会作出决定，宣布“罢贩”，不再销售《南华日报》《天演日报》等汉奸报纸。与此同时，南华、天演、自由等报馆的印刷工人纷纷表达对汪精卫投敌叛国行为的谴责。1939 年 8 月 13 日，《南华日报》《天演日报》共约 60 名印刷工人，集体罢工离职，并向重庆国民政府发出通电：

> 汪逆凭藉南华、天演两日报，传播汉奸理论，实行危害祖国，全港报贩，激于义愤，拒绝定报。我全体工友六十余人，由八一三晚起，一致停工，脱离该报，实行将两汉奸报封闭。谨此呈报，敬候训示。②

---

① 潘梓年：《潘梓年文集》，江苏人民出版社 1990 年版，第 299 页。

② 《港汪逆报纸工友全体罢工辞职》，《新华日报》1939 年 8 月 15 日。

在三报工人反汪罢工行为的鼓舞下，香港各界纷纷开展反汪反投降运动。为了进一步扩大这场运动的影响力，三报罢工的工人们组织了反汪回国服务团。1940 年 3 月 27 日，香港的反汪工人回国服务团怀着满腔热情，沿途进行讲演、张贴壁报等宣传抗战的活动，从而扩大了国内反汪反投降运动的声势。香港三报工人反汪罢工，顺应了全国人民反对汉奸和妥协投降的要求。潘梓年高度评价三报工人反汪的爱国活动，“敌伪汉奸的奴化活动，显然是和侵华战争的进攻策略，逐段逐段的配合着的。不管它们所有那些奴化活动到底遭受到中华民族优秀儿女强烈的反抗与打击，如香港反汪工人的罢工”①。1940 年 4 月 4 日，新华日报馆招待香港三报反汪工人回国服务团。总编辑吴克坚代表报馆全体职工致欢迎词：“香港三报工人不畏恐吓，冒着失业威胁举行罢工迫使汉奸报纸停刊，表现了中国工人阶级不怕困难的顽强精神。他们的爱国热忱激起了全国工人和人民对日本帝国主义和汉奸卖国贼的仇恨。”②

在这场以援助香港三报工友和反对妥协投降为主要内容的运动中，中国共产党迅即推动并在川渝地区广泛开展。1939 年 5 月 28 日在《中共中央关于与国民党共同进行反汪运动给南方局的指示》中，指示南方局“在反对汪派汉奸斗争中，我们应更亲密的加强与一切主战爱国的进步分子及国民党群众的联系。与他们一起动员群众共同进行反对一切投降派及反共分子的斗争，以达到巩固国共合作和巩固及扩大抗日民族统一战线的目的”，“必须向蒋及国民党中坚决主战的军政人员公开说明汪在国民党内及政府中还有不少同情分子……防止他们倒蒋反共的一切阴谋”。③ 6 月 10 日，毛泽东在延安高级干部会议上强调反投降主义的重

① 潘梓年：《为抗战建国服务的新文化运动》，钟离蒙、杨凤麟主编：《中国现代哲学史资料汇编》第 3 集第 1 册，辽宁大学出版社 1982 年版，第 24 页。

② 韩辛茹：《新华日报史》，中国展望出版社 1987 年版，第 152 页。

③ 南方局党史资料征集小组编：《南方局党史资料》（三），重庆出版社 1990 年版，第 15 页。

要性:“目前形势的特点在于:国民党投降的可能已经成为最大的危险,而其反共活动则是准备投降的步骤。”①在党的指导下,《新华日报》印刷厂全体工人和重庆市印刷工会率先响应,并高度赞扬香港反汪工友的英勇斗争精神。8 月 16 日,《新华日报》发表《援助香港反汪罢工工友》社论,指出:“在全国同胞悲壮热烈的举行八一三这一伟大的纪念中,表现得最英勇,最有力,最可敬的,要算是香港的工友同胞”,“这真是一件大快人心的事”。②《新华日报》发出了呼吁,号召全国人民积极支持香港三报工友的斗争,这在重庆引起了广泛反响。各界人士纷纷写信表达慰问和支持,并积极参与捐款活动,总数达到九千余元。即使是被解雇的工人、没有工资的学徒、送报的儿童、靠稿酬度日的作家,以及流亡的学生、乞丐、女佣、伤兵和囚徒等,也都展现出了无私的爱心和慷慨的捐助精神。毛泽东、陈绍禹、林祖涵、吴玉章、董必武、邓颖超等人以国民参政员名义每人捐款五十元,并高度评价对反汪工人的爱国行动。

> 你们为进行反汪派汉奸斗争而宣布罢工离职,很明显的你们是给了全中国人民一个模范的好榜样。而且更说明了工人阶级在抗战中的先锋作用和坚决不屈的积极斗争精神。这一运动的继续开展与扩大,正是给予日寇和汉奸的严重的一击。③

然而,潘梓年及《新华日报》开展的援助三报反汪运动,引起国民党当局警惕,接连下发密令严格监视其活动。

---

① 韩辛茹:《新华日报史》,中国展望出版社 1987 年版,第 149 页。

② 《援助香港反汪罢工工友》,《新华日报》1939 年 8 月 16 日

③ 韩辛茹:《新华日报史》,中国展望出版社 1987 年版,第 151 页。

(1)重庆市警察局密呈(12月20日)

重庆市警察局密呈行治字第二〇六五号

案据本局侦缉队长蒲岗本年十二月十四日报称:据本队队员靳忠报称:窃职查本市《新华日报》社长潘梓年,现假援助香港“三报”反汪罢工工友起见,派有大批党员(共)向本市各工人方面活动募款,并借此令加入该党,以便增加势力。现印刷工人多有加入该党者,等情。据此。理合具文呈请鉴核示遵,等情。据此。除指令该队伤属严密注意防范外,理合备文密报钧府鉴核。谨呈

市长吴

重庆市警察局局长徐中齐

(2)重庆市政府指令稿(12月26日)

全衔指令秘字第256号

令本市警察局长徐中齐二十八年十二月二十日行治字第二零六五、二零六六号密呈件,为据报本市《新华日报》社长潘梓年,现假援助香港“三报”反汪罢工工友起见,派大批共党党员向本市各工人活动募款,并令加入该党。又,共党王大刚、潘梓年等于本月十五日下午在曾家岩五十号召集党员开会,其会议要义为宣传共党主义,招收党员以充实该党势力等三项,报请鉴核由。两呈均悉。业经并案转函中央党部秘书处,中央调查统计局及市党部查照矣。仰即知照!

此令

市长吴〇〇①

---

① 重庆市档案馆、中国第二历史档案馆编:《白色恐怖下的新华日报国民党当局控制新华日报的档案材料汇编》,重庆出版社1987年版,第542页。

可见，在中共南方局领导下，潘梓年开展的反汪援助三报运动收获颇丰，不但发动了广大群众支持香港工人的活动，而且扩大了中国共产党在国统区的影响。经过这场反汪汉奸运动，重庆的抗日民族统一战线不但没有分化、瓦解，反而得到巩固、扩大。

（三）敢于反抗国民党当局压迫，为群众办事。在形势严峻时，《新华日报》随时会遇到麻烦。一旦事情发生，大多数情况是潘梓年亲自出马，跟国民党的警察头目、文化官员打交道。可以说，潘梓年时刻做着"受命于危难"的准备。1940 年 3 月，国民党当局在成都制造一起"抢米风潮"，嫁祸于共产党，逮捕一批共产党员和进步人士，甚至封闭《新华日报》成都营业处，抓走中共川康特委书记罗世文。事后，中共南方局派潘梓年前往交涉。他携带董必武写给张澜的信和吴玉章写给邓锡侯的信，前往会见成都行辕主任贺国光。贺国光作为蒋介石坐镇川西的代表，此人既反动又狡猾，潘梓年与他交谈极费口舌。由于张、邓二人干预，贺国光被迫同意《新华日报》成都营业处恢复营业。当时报馆没有条件派车送潘梓年前往成都，所以他来回搭乘长途公共汽车。这在当时的社会环境中，他面临的工作危险及辛苦自是不言而喻的。

1941 年初，国民党当局掀起第二次反共高潮，发动了震惊中外的皖南事变。事变发生后，国民党中宣部强令全国报纸刊登由中央社编发的统一消息，并要求重庆各家报纸发表评论，斥责中国共产党和新四军。此时，《新华日报》处在国民党宪警特务的严密监视之下，不但要设法躲过新闻检查，向读者透露事变真相，还要争取重庆新闻界同业的支持。1 月 17 日，在国民党中宣部强令各报刊登中央社消息的当天夜晚，潘梓年和编辑部主任石西民提着灯笼上坡下坎走了几十里路，拜访了《新民报》《新蜀报》《国民公报》等报纸的夜班编辑部，向各报夜班编辑介绍皖南事变经过。他希望报界朋友们主持正义，对国民党中央社歪曲事实、诬蔑新四军的稿件予以抵制。潘梓年在重庆新闻界享有崇高的声望，其在深夜登门拜访,使各报编辑深受感动。并且他还极诚恳地表示,中国共产党为了国家民族利益,将坚持团结抗战,防止分裂。在潘梓年介绍下,几家报纸的编辑人员都为皖南事变中的新四军抱不平。后来几家报纸在版面处理上,对国民党的强迫命令作了不同程度的抵制。

潘梓年在领导党的报刊工作期间,面对复杂、尖锐、激烈的斗争,机智果敢地战胜了国民党顽固派的摧残、迫害。在皖南事变后,国民党当局为迫害《新华日报》,唆使报贩头子邓发清操纵的重庆派报公会和一些御用社会团体跑出来兴风作浪。他们发“宣言”,散发传单,指控《新华日报》拒不刊登国民党当局诬指新四军为“叛军”的乱命,违检发表周恩来题词题诗等,甚至要求国民党当局“严加惩处”,“以抑国人之公愤”。特务流氓在街上肆横逞凶,接连发生殴打、拘押报丁、报童,撕毁报纸,砸烂报馆门窗等严重事件。在这样的严峻形势下,报社必须开展坚决斗争,又要保持冷静的头脑,严守“有理、有利、有节”的原则,不让国民党当局得到强行封闭报馆的口实。1941 年 2 月 3 日和 5 日,潘梓年就上述暴行,连续向重庆市卫戍司令部发出抗议信,卫戍司令刘峙在事实面前,只好作了“已分令警查究,并对该报予以保护”①的批复。这成为中共报人公开回击国民党反动派的一个缺口。同时,《新华日报》在头版位置,公布了潘梓年的抗议信和国民党当局的批复。这次斗争狠狠打击了国民党当局的反共气焰,赢得了社会各界的广泛同情和支持。

第二次反共高潮失败后,《新华日报》发行形势出现转机。潘梓年在 1941 年 6 月 13 日向国民党当局发出抗议信件,历数报贩头子邓发清指使暴徒迫害《新华日报》的罪行。他义正词严地指出:“邓发清为政府党部管辖之团体代表,邓之违法行为虽经当局一再明令允予制止,但直至今日未生应有效果此不仅邓发清有所恃而不恐,而且使人感觉法律仅为具

① 韩辛茹:《新华日报史》,中国展望出版社 1987 年版,第 202 页。

文而有失政府威信”，强烈要求“将邓发清带案究办”。同时，将这篇檄文又改成一条消息，于6月23日在《邓发清罪大恶极，我们不畏强暴，断不容败类横行》的大字标题下，刊登在《新华日报》头版。在强大的社会舆论压力下，国民党当局对《新华日报》的迫害不得不有所收敛。在这次斗争中，潘梓年坚定的革命立场和高明的斗争艺术，给报馆同人们留下了深刻的印象。①

（四）争取与团结重庆社会各界人士一致抗日。在长期的革命斗争中，潘梓年深深感到争取党外民主人士支持之可贵。所以，他一直坚持与党外民主人士精诚合作，得道多助，为中国共产党争取更多的朋友。周恩来曾指示他通过报纸在文化界、学术界开展统一战线工作。因此，潘梓年经常风尘仆仆地奔走于郭沫若、马寅初、邹韬奋、陶行知、张恨水等文化人士之间，与他们交换意见，邀请其撰稿，使《新华日报》成了团结社会进步人士一致抗日的重要舆论阵地。另外，潘梓年呼吁自然科学家们积极组织起来，发挥“五四”运动所提倡的科学精神，使科学为抗战建国服务。②他还发起组织了“中国学术研究会”“自然科学座谈会”等团体，邀请专家学者编辑《自然科学》副刊，开展多种学术活动，把一些进步的驻渝高校学者团结在《新华日报》周围。《自然科学》副刊主要向读者普及科学知识，解答读者提出的疑难问题，向重庆科学工作者宣传党的团结抗战路线，宣传辩证唯物主义和自然辩证法等。1942年，这些学者为本刊7卷18期编辑了《纪念伽利略逝世300年，牛顿诞生300年》的专辑，丰富了党报、党刊对科学知识的宣传，加强了与科学技术界的团结，扩大了影响。

在重庆新闻界，潘梓年利用各种途径广交朋友，建立了不同程度的联

---

① 石西民：《新华日报的回忆（续集）》，四川人民出版社1983年版，第10—11页。

② 潘梓年：《发挥“五四”运动所提倡的科学精神——使科学为抗战建国服务》，《群众周刊》1939年第2卷第24、25期。

系和合作。1938年底，《新华日报》迁到重庆，潘梓年得知重庆各报馆、各通讯社代表和外埠各报社驻重庆记者将要举办一个交谊会，他不顾长途跋涉的劳累，当即赶去聚会，并对今后新闻界的工作发表了很好的意见。[①] 同时，潘梓年还经常邀请《大公报》王文彬、《商务日报》高允斌、《新民报》陈铭德等报人谈心，潜移默化地宣传党中央的政策精神，引导他们向党靠拢。1944年《新华日报》邀请《新民报》举行"编辑技术座谈会"，潘梓年主持会议并诚恳地说："新民、新华是姐妹报，希望两报同仁能互相交流，把报纸办得更好"。[②] 通过报业之间交流，使《新华日报》拥有了很多真诚的朋友，为中共开展抗日统一战线做了有力的铺垫。

抗战时期，以1939年5月3日、4日敌机轰炸重庆对各报的损害最大。经过敌机大轰炸之后，《新华日报》编辑部、营业部及印刷厂，均遭受严重损失。但是，与其他各报相比，《新华日报》并不如《大公报》《新蜀报》《国民公报》等损失大。当时重庆市区内生产陷于停顿，各报出版发行都发生困难。因此，国民党中宣部以日机的轰炸为由，并以机器、房屋、纸张等出版条件的困难为借口，要求重庆的各报馆都临时停刊，以达到迫使《新华日报》永远停刊的目的。潘梓年当即给中央日报社社长程沧波写信，"关于《联合报》事，敝报尚待与中宣部交涉，所有关于联合出版事宜，敝报一概恕不参加"[③]。

中共中央获悉《新华日报》停刊参加重庆联合版后，指示南方局向国民党当局交涉，恢复《新华日报》单独出版。电报原文如下：

---

① 《四川省纪念抗日战争胜利四十周年学术讨论会论文暨史料选》编辑组编：《四川省纪念抗日战争胜利四十周年学术讨论会论文暨史料选》，四川省社会科学院出版社1985年版，第66页。

② 马艺：《中国新闻传播史论》，新华出版社2007年版，第240页。

③ 韩辛茹：《新华日报史》，中国展望出版社1987年版，第93页。

中共中央关于交涉《新华日报》继续单独出版给南方局的指示

（一九三九年五月十七日）

A、国民党以各报联合出版办法，取消《新华日报》的出版，对我们党的政治宣传和政治影响，是一个大的打击。你们未征求中央书记处意见，即同意停版，实属政治上一大疏忽。现提议你们公开向国民党说明《新华日报》是代表共产党的言论机关，与其他报纸不同，坚持《新华日报》继续单独出版的权利。

B、在《新华日报》暂未恢复出版期内，望你们努力，充实和扩大《群众》的内容，不仅将过去新华专论一类论文登载，且须有系统地刊载我党及八路军新四军各边区情形的通讯和消息，同时，尽量翻印和发行《新中华报》（从本期起，我们寄新中华报纸版给你们）。

C、请将交涉《新华日报》继续单独出版情形，随时电告我们。

中央书记处①

根据中央指示精神，周恩来派遣潘梓年与国民党当局进行交涉，讨论重庆联合版结束期限等相关事宜。随后，潘梓年向国民党中央宣传部部长叶楚伧提出明确要求，即重庆各报联合版必须设定明确的期限，否则《新华日报》将退出。在迫不得已的情况下，叶楚伧被迫承诺以一个月的期限作为保证。《新华日报》在 1939 年 5 月 6 日起参加了《新蜀报》《新民报》《大公报》等报纸的联合版。

停刊期间，《新华日报》社把印刷厂、编辑部主要人员疏散到磁器口附近的高峰寺，加强《群众》的编辑工作，并编译马列著作，翻印延安及国内外一些进步书刊，还派人在市区出版油印小报和壁报。在联合版即将到期时，国民党当局唆使御用报纸《时事新报》跳出来拖延复刊。为此，

① 中国社会科学院新闻研究所编：《中国共产党新闻工作文件汇编（1921—1949）》上卷，新华出版社 1980 年版，第 89 页。

潘梓年向国民党当局反复交涉,直至8月13日,《新华日报》在重庆化龙桥编辑部新址单独出版发行。《大公报》《新蜀报》《国民公报》等也迁了新址并复刊,这是抗战时期重庆各报停刊历时最久的一次。

抗战时期,重庆地区拥有二十几家报纸,成分十分复杂。为了粉碎国民党当局对《新华日报》的各方面封锁,在舆论斗争上反制国民党当局,中国共产党指示《新华日报》在新闻界广泛地交朋友,在不同程度上和不同的范围内同其他报纸的新闻从业人员建立联系和合作的关系。潘梓年在重庆新闻界有着广泛的社会关系,经常邀请进步报人谈心,交换意见,传达党的指示精神,引导他们向中共靠拢。如,"潘老经常约我(原重庆《大公报》经理、原重庆人大副秘书长王文彬)到上清寺的茶馆里谈心,实际就是交流情况,交换消息"①。对于那些对我党政治主张尚缺乏正确认识的报人,潘梓年也主动接近,耐心说明道理,循循善诱,从不强加于人。他不但在政治上给人以启发和教育,而且热心帮助解决各种实际困难。某次,《新蜀报》遇到了严重的资金困难,总经理周钦岳向潘梓年寻求帮助。潘梓年立即向南方局汇报了情况,并协助解决了《新蜀报》的资金困难,确保了这份倾向进步的地方报纸能够继续出版下去。

国民政府在经济上实行战时统制政策,偶尔给重庆新闻界下拨一点平价的纸张、燃料和粮食等物资。对于那些处于中间状态的报馆由于受到国民党当局的冷落,处境比较困难,都想多分一点。在这种情况下,各报馆间很容易出现纠葛,影响我党在新闻界的统战工作。潘梓年每次代表报馆出席这种分配物资的会议时,顾全大局,通情达理,团结了不少报刊同人。对于《新华日报》实行的统战宣传方式,连国民党的报人都暗表膺服。在中共中央和周恩来领导下,潘梓年及报馆同事们从各方面开展

① 中国社会科学院新闻研究所《新闻研究资料》编辑室编:《新闻研究资料》第1辑,新华出版社1981年版,第55页。

新闻界的统一战线工作，团结了一大批进步的和中间的新闻工作者，使《新华日报》在重庆新闻界建立了广泛而深厚的群众基础。

第三节　坚持党性原则与人性关怀

在长期斗争中，毛泽东将马列主义与中国革命的具体实践相结合，富有创造性地发展了马克思主义理论。在1942年《解放日报》改版中，“毛泽东谈到的党报的党性，指的是党报工作者要有党的机关报的责任意识，主动积极地宣传党的方针政策”①。关于党性问题，潘梓年在总结党管媒体经验时，提出加强思想建设及多学习重要理论。他强调“党性锻炼”，强调党报“对工作人员的教育与修养问题应予以最大的注意”，“最重要的还是政治教育”，“应该把报馆当作干部训练机关来办”。②在总结《新华日报》办报经验时，他指出，报纸能在国统区迅速出版，“主要是由于我们党的力量的强大”，《新华日报》最重要的经验就是坚持“我们党的坚强领导”，其次就是“必须与读者群众尤其是各革命团体保持着密切的联系”。③ 他说：“报纸的编辑和插图等等，主要的标准应当是广大劳苦读者的要求。”④潘梓年一再强调，坚持党的领导和群众路线，可以说抓住了《新华日报》思想建设的根本。学者马艺说：“潘梓年所提出坚持党的领导和群众路线等观点，在我国新闻理论发展史上的意义不可忽视，他提出的一系列观点成为《新华日报》办报思想的重要组成部分。”⑤

---

① 陈力丹：《马克思主义新闻观思想体系》，中国人民大学出版社2006年版，第103页。

② 潘梓年：《提高战斗性》，《新华日报》1942年1月11日。

③ 石西民：《时代鸿爪》，新华出版社1985年版，第478页。

④ 《新华日报的回忆》，四川人民出版社1988年版，第473页。

⑤ 马艺：《中国新闻传播史论》，新华出版社2007年版，第234页。

(一)组织和开展大后方党的文化工作。全面抗战爆发后,中国共产党从原来严密封锁的狭小天地里走出来,登上全国政治生活的大舞台,受到人们越来越密切的关注。不少文化人士渴望了解中国共产党对时局和中国未来前途的看法。① 1938 年 10 月,毛泽东在中共六届六中全会上作了《中国共产党在民族战争中的地位》的报告,指出:"马克思主义必须和我国的具体特点相结合并通过一定的民族形式才能实现","洋八股必须废止,空洞抽象的调头必须少唱,教条主义必须休息,而代之以新鲜活泼的、为中国老百姓所喜闻乐见的中国作风和中国气派"。② 1940 年,毛泽东在《中国文化》发表《新民主主义论》一文,谈到民族形式问题,强调"我们的文化是革命的民族的文化"。潘梓年也谈道:"学习马克思列宁主义理论,主要是要能够用自己的'新经验和新知识来丰富'它,要能够按照自己所处的历史发展阶段、特殊环境,根据当时当地的实际情形,用'适合于新的历史条件的新结论和新原理'来使它丰富起来,发展起来。"③对于中国文化的前途命运问题,延安的艾思奇、周扬等人参与了讨论民族形式问题,而在重庆的学人们的讨论则发生了严重分歧。向林冰、郭沫若先后在《大公报》上发表民族形式问题观点。

重视理论宣传一直是党报的优良传统,也是《新华日报》的优势所在。潘梓年作为大后方的知名学者、报人,在文化界、学术界影响颇大。为发挥"用正确理论武装人"的作用,引导民族形式问题讨论,潘梓年在《新华日报》编辑部举办座谈会。这次会议由潘梓年、以群、蓬子、黑丁、戈宝权、胡强、臧云远、罗荪、光未然、葛一虹、艾青、沙丁、默林、白薇、吴

① 金冲及主编:《毛泽东传(1893—1949)》,中央文献出版社 1996 年版,第 556 页。

② 韩辛茹:《新华日报史》,中国展望出版社 1987 年版,第 174 页。

③ 潘梓年:《列宁怎样发展了马克思主义》,《潘梓年文集》,江苏人民出版社 1990 年,第 248 页。

敏、力扬、戈茅、曾克等作家、文艺评论家参加，潘梓年主持，曾克和秀沅担任记录。在座谈会上，参加者们围绕文艺的民族形式问题展开热烈讨论，最终潘梓年综合了沙丁、艾青、以群等人的意见，联系到向林冰等人错误意见的分析，全面地论述了文艺民族形式问题。

实际上，他们争论的核心问题，并不在于民族主义本身，而是为“谁”服务的民族主义。潘梓年对民族主义理论宣传作出了科学总结。首先，他提出了在特定立场和历史阶段下进行的观点，强调了从国际主义立场出发，使中国新文艺在国际上占有一定地位。根据历史阶段的不同，他认为目前的文艺民族形式是为了服务于抗战建国和工农大众的新文艺。其次，他指出民族形式不能简单地与大众化通俗化混为一谈，我们要求每一篇文艺创作都采用民族形式，但并非要求每一篇文艺创作都具有通俗性。我们的要求是提高新文艺的质量，并且内容和形式不能分离。至于源泉问题，他认为民族形式的源泉不仅限于民间文艺，还包括新文艺运动积累的成果以及外国著名作品。吸收这些方面的营养，包括语汇、描写方法、体裁、结构等新现实主义创作方法对于民族形式非常重要。① 通过潘梓年逻辑清晰的分析，我们可以体会到他在大后方文艺领域上论述了中国共产党的新文艺方针，强调了宣传文艺活动与抗战实践相结合，并强调了中国共产党在新文艺方面的领导地位。

（二）对报馆工作人员学习生活关怀备至。在长期的工作中，潘梓年一直对报馆工作人员的学习生活关怀备至，锻就一支能为党的新闻事业工作的坚强队伍。他重视报馆工作人员的业务建设，只有不断学习才能为党的新闻事业更好地服务。同时，他提出在报馆内部业务学习要互相交流，“业务学习是每周的必学项目之一，大家围坐在一起研究报纸的编排版式和标题格式、印刷质量等，并与其他报纸比较，各抒己见，相互交流

① 徐乃翔：《文学的“民族形式”讨论资料》，广西人民出版社 1986 年版，第 350 页。

工作经验”[1]。当然,学习是一个长期的过程,报社工作人员不能因为基础知识薄弱,就失去学习动力,尤其是“工作人员,不管其原有基础是怎样的优厚,如果不能在工作过程中得到不断的、足够的教育与修养,他仍旧要衰竭下去的”,“不管编辑人员也好,技术人员也好,对他自己的工作技术固然要时求进步”。[2] 潘梓年还为许多青年报人的成长倾注了满腔热情及心血。据报人郑之东回忆:“有一次傍晚在重庆市内开会回来,碰到社长潘梓年同志。他主张不要去挤公共汽车,我俩就沿着嘉陵江边的公路,且走且谈,回到报馆。当时我真没想到他那么忙,对我这个初到报馆不久的青年写的一些短文,竟然大都看过,对于我所提出的多挤一点自然科学书刊的意见,从一个哲学家的角度表示赞同。”[3]

在生活方面,抗战时期重庆的报人特别辛苦,面对粮价飞涨,物价波动,遭受苦难比其他各界人士严重。潘梓年作为报馆主要负责人,发挥了很大的凝聚和带动作用,始终以普通身份和大家一起工作、生活。当时,《新华日报》的干部实行半供给制,他每月的津贴比报馆一般工作人员多两块钱,但他与报馆全体人员吃一样的伙食,没有任何特殊优待。他原本是吸烟的,但因为有了孩子,家庭负担加重,便将卷烟换成烟斗。虽然“他自己生活那么艰苦,却无微不至地关心别人。报社小左结婚时,爱人衣衫单薄,难过冬天,潘梓年亲自把其爱人吴祖芳的一件驼绒衣送到小左家里”[4]。在报人们的记忆中,与国民党那些衣着华贵的“新闻官”相比,潘梓年长期穿着的一件灰布长衫,更显示出一位共产党人朴素、廉正的本

① 崔汉儒:《在虎头岩下》,潘梓年等:《新华日报的回忆》,四川人民出版社 1979 年版,第 250 页。

② 潘梓年:《新华一年》,重庆、成都《新华日报》《群众》周刊史学会编:《新华之光——〈新华日报〉〈群众〉周刊史学术研讨论文集》,重庆出版社 1993 年版,第 172 页。

③ 郑之东:《在艰苦斗争的日子里——回忆重庆新华日报的副刊》,《新闻业务》1963 年第 2 期。

④ 吴功学、芮德法主编:《新闻写作指南》,南京大学出版社 1991 年版,第 513 页。

色。邓初民先生曾经赞誉潘梓年“大布是其衣”,“一生只服务”,是说得很形象、很恰当的。① 因此,《新华日报》《群众》两份刊物的工作人员,都亲切称他为“潘老总”。这是因为他不仅是报刊的领导,还是一位诚朴谦和、平易近人的长者。1942 年 1 月,董必武、冯玉祥、郭沫若、沈钧儒、邓初民及报刊同人们撰文祝贺潘梓年五十岁生日,表示要学习他“坚贞不拔的革命操守,严谨谦和的学者态度,奋斗不懈的苦干精神,为中华民族的解放事业,为新民主主义文化的事业,为‘新华’的事业奋斗到底”②。这是来自真情的祝贺,表达了广大同人们的共同心声。

(三)胸襟开阔,敢于正视问题、善于发现问题。在重庆期间,周恩来对潘梓年这位大革命时期入党的老同志给予极大帮助。周恩来曾指出,潘梓年的战斗性还不够坚强,要他今后充分注意努力。他诚恳地接受了周恩来的帮助,始终铭记在心,“其中有一次谈话直到现在还是记忆犹新的,那就是指出报纸的版面上(包括报道和言论)对蒋介石反动统治的看法有右倾的表现”③。此外,周恩来有次听说潘梓年在国民党当局组织的宴会上,时任国民党宣传部部长潘公展讲了诽谤中共的话,而他没有当场进行反击。周恩来询问潘梓年是否有这么一回事。他批评潘梓年存在的缺点,说其原则性、战斗性不够强,要其今后在这方面充分注意。因此,他很注意增强自己的革命斗争精神。据说,国民党图书杂志审查委员会派人闯到报馆营业部,查抄了七百多册《毛泽东言论选集》,潘梓年闻讯赶到图书杂志审查委员会,痛斥了这种无理行径,把书全部取回。那些特务向上面报告说,潘梓年“态度甚为强硬……今后对该处检查困难必定加多也”④。

① 石西民、徐迈进:《怀念潘梓年同志》,《新华日报的回忆(续集)》,四川人民出版社 1983 年版,第 5 页。

② 郑新如、陈思明:《〈群众〉周刊史》,中共党史出版社 1998 年版,第 212 页。

③ 潘梓年:《潘梓年文集》,江苏人民出版社 1990 年版,第 357 页。

④ 谭元亨:《潘氏三兄弟》,北京十月文艺出版社 1998 年版,第 318 页。

潘梓年是一位具有深厚社会责任感和敏锐观察力的学者,他善于洞察抗战时期青年思想上的问题。“目前的抗战是需要全国的人力尤其是青年来支持,事实上各自也都正在需要大量的青年去服务,为什么会有许多青年在那里感受到‘英雄无用武之地’的苦闷呢?”①因此,他注意通过报刊加强对大后方青年的宣传教育,写了许多以青年读者为对象的文章。为了帮助青年掌握认识世界的思想武器,他热心辅导青年如何学哲学、学理论,并指导他们科学地拟定自学计划。他致力于帮助青年摆脱国民党欺骗宣传的愚弄。在《怎样读报》这篇文章中,他巧妙地揭示了反动报刊歪曲事实和掩盖真相的手法,教导青年识破这些伎俩,认清事物本质,从而得出正确结论的方法。他就像一位知心朋友,热情地回复青年的来信,帮助他们解决内心的困扰。他多次撰文讲述中国青年运动的光荣传统,激励青年投身抗日救国的壮丽洪流,并奉献给人民解放的伟大事业。他不厌其烦地教导,被誉为青年的良师益友。尽管身居要职,潘梓年却一直勤勤恳恳地致力于写作。除了在《群众》周刊及其他报刊上发表的作品之外,仅《新华日报》上就有近八十篇署名文章,他还精心审改了数不清的稿件。他的榜样力量激发了编辑部同人们的工作热情。

(四)毫无保留地传授革命斗争经验。在生存环境恶劣的重庆,具有丰富地下斗争经验的潘梓年不但自己坚持不渝地勇敢斗争,而且将其经验毫无保留地传授给同志们。1941 年,国民党反动派发动了震惊中外的皖南事变,这次反共高潮把国共关系推到濒临破裂的边缘。根据中共中央及南方局的指示,对党报、党刊的大批干部进行了转移和疏散,从二百八十多人减到八十余人。党组织对留下坚持工作的干部,进行共产党人的气节教育,潘梓年还向党员干部作了“如何进行监狱斗争”的报告。

在长期的革命工作中,潘梓年积累了不少宝贵的斗争经验。这些经

① 潘梓年:《潘梓年文集》,江苏人民出版社 1990 年版,第 309 页。

验对于报社同人来说，是一种宝贵的财富。他认为党报“对工作人员的教育与修养问题应予以最大的注意”，“最重要的还是政治教育”，“把报馆当作干部训练机关来办”。[①] 针对斗争经验方面，他明确指出，在从事地下工作时，如果被敌人逮捕，应尽量隐瞒自己的身份，以不问政治的姿态进行“合法”斗争。现在，作为党报工作者，在敌人面前，必须以大无畏的精神，理直气壮地宣传我党团结抗战的立场，揭露和斥责敌人反共内战是破坏团结抗战的卖国投降行为，将敌人的审讯变成我们对敌人的控诉和审判。他还用亲身经历教育大家如何对待敌人的刑讯、拷问。只要我们树立坚定的革命信念，相信共产主义是民族解放、人民解放的唯一道路；随时随地把那些为共产主义事业抛头颅、洒热血的革命先烈作为榜样，我们就能忍受肢体上的折磨和痛苦。

如果用信仰斗争的信念意志力追求革命目标，那么信念意志力会承受现实的压力，具有义无反顾的斗争目标。1940 年春，潘梓年在《新蜀报》发表《咏雪》一诗，托物言志，表达了一个共产党人在狱中不屈不挠的斗争精神和坚定信仰。[②] 他特别谈到革命者要有应对牢狱中的斗争经验，强调他对背叛革命信念的见解，敌人对革命者除了用刑讯拷打迫使你屈服，另一手更毒辣的是用软化的方法消磨你的革命意志，动摇你的革命信念，惯常的做法是动员或逼迫你的亲属、朋友进行“劝说”，利用叛徒、变节者来劝降。对亲友的“劝说”，要当成对他们进行启发、教育的工作来做，用事实揭露敌人对国家民族的罪恶，耐心说明团结抗战工作的正义性，用革命事业必然胜利的信心鼓舞亲人，使他（她）们由对亲人命运的关心，转变为对阶级敌人的仇恨。针对敌人采取的卑劣手段，他以亲身经历教育大家，当叛徒被派遣到狱中时，装作哭泣乞怜的模样，不要被其所

① 潘梓年：《提高战斗性》，《新华日报》1942 年 1 月 11 日。

② 《咏雪》：“一片一片又一片，飞上河山皆不见；前消后继更凶猛，终把河山全改变。”载潘梓年：《潘梓年文集》，江苏人民出版社 1990 年版，第 354 页。

欺骗。他强调，当前我们要努力维持团结抗战的局面，同时也要做好应对突发事件的准备。对于监狱斗争，我们必须坚定不移地长期抗战到底。在监狱中，我们要利用各种条件锻炼身体，保持高昂的革命斗志。①

小　结

潘梓年任《新华日报》社长之际，始终以哲学家的睿智和理性，忠实贯彻党中央提出的一系列方针政策，引导着《新华日报》在抗战大后方的舆论导向，推动和巩固了党的抗日民族统一战线，争取了国际舆论对中国抗战的同情和支援，坚持了"为人民服务的立场"，继承和发扬了党报固有的"实事求是"的精神，使《新华日报》成为抗战时期在重庆地区的一面旗帜，扩大了中国共产党在国内外的影响。英国的《工人日报》盛赞："《新华日报》是中国的喉舌。"苏联的《真理报》撰文道："自从《新华日报》出版的第一天，它便广泛地揭起中国人民反对日本侵略者，为中国独立与自由的民族解放战争的光辉旗帜……成了中国人民所爱护的报纸。"②

潘梓年在领导报刊社期间，公务繁忙，却坚持周恩来提出的"努力学习，下苦功，多看、多研究"，要"专""博""不自满"要求，组织报社职工认真学习，不断提高理论水平、业务水平、工作能力和斗争策略。报社坚持实行集体领导，分工负责，发挥集体智慧，群策群力。为坚持报社经常发表有影响力的社论，专门成立了社论委员会，各委员适当分工，要求人均每周一到两篇，不仅要求观点与材料统一，还要讲究斗争艺术以对付国民党的新闻检查。潘梓年挤出时间写文章，还以报人特有的智慧和远见，撰写大量社论、评论短文等，如《中国抗战与国际反法西斯斗争》《抗战的现

① 郑新如、陈思明：《〈群众〉周刊史》，中共党史出版社 1998 年版，第 214—215 页。
② 谭元亨：《潘氏三兄弟》，北京十月文艺出版社 1998 年版，第 322 页。

阶段》《投降主义及其各种表现》《自力更生与争取外援》《战时图书杂志原稿审查问题》《两个精神动员》等。他的文章说理透彻,逻辑严密,文字通俗,更是亲切热情、耐心剖析。对于思想理论的批判文章则是义正词严,穷究根底,不容对方掩饰诡辩。他这种执着坚韧的战斗精神,对党的报刊工作人员是一个极大的鼓舞与鞭策,成为报人们学习的榜样。可以说,潘梓年同志把整个身心都交给了党在大后方的新闻事业,兢兢业业,艰苦奋斗,被董必武所赞誉:“如君党性实堪钦”①,郭沫若也写诗赞扬他,“提高党性遵逻辑”。用这种历史唯物主义观点评价报人潘梓年的新闻活动,正可以说明他在抗战时期的重庆作出的重要贡献。

① 董必武:《梓年同志五十大庆》,《新华日报》1942 年 1 月 18 日。

第三章　文报国难的民间报人：王芸生

王芸生的文章为世人所传诵。他立言的长处是常以国家为前提，而站在人民的立场，说一般人民所要说的话。虽则格于环境，他有时恐未必能畅所欲言，可是他富于热情，所说的话，常能打入读者的心坎。所以他的文章，始终能动人心弦，不致与无党无派的民意脱节。①

——报人俞颂华：《富有热情的王芸生》

第一节　"来日大难"："不投降"到"日本投降矣"

对于中国民间报人来说，报业与政治各司其命，只是一种理想的媒体假设。这主要源于民间报人长期受到儒家"兼济天下"文化传统影响。另外，近代中国社会起伏不定的民族与政治危机，剥离了民间报人在报业的纯粹商业价值，转向辅助现实的论政传统。抗战时期在应对现实国难中，重庆报人群体中的王芸生是响当当的重要人物，在张季鸾之后执笔于《大公报》渝馆，更是民间报人群体中以文章报国与国家、民族相互作用的缩影。作为民间报人，王芸生的言论报国情怀在全面抗战前已显露无

① 俞颂华：《富有热情的王芸生》，《人物》1946 年 11 月 25 日，第 4 期。

遗。1936年,王芸生基于拯救民族危亡大义,表达了“言论报国”或者说“文人论政”态度:“我是一个中国人,而且正是这个时代的一个中国人,国家在这个时代的悲喜,我自然也分享了一份。我的小辫子是给辛亥革命剃掉的,壬子兵变时的火光和杀声,曾照耀过我的眼睛,震动过我的心,五四运动给我打下了一个做人的基础;五卅运动又使我认识了自己的国家。民族的热血曾鼓舞着我的青年的心,使我走上民国十五六年的革命战场,革命的火焰曾使我的生命发光,而革命阵营中的腐败现象也确曾伤过我的心。这十多年来我一贯是在编报写文章,报已编了三四千天,文章便也写了一堆。我的报自然是我们这个国家的生活史料,我的文章也不至太对不起我的国家。”①可见,王芸生对时代、国家、民族有深刻理解,使这种励志文章报国的信念愈来愈强烈,为服务于抗战大后方新闻事业作出了自己贡献。

在急势而来的民族主义话语下,那些号称民间自由报人不得不重新审视危难中国的现实基础,适时调整对日态度,加入声讨日本帝国主义的舆论阵营。卢沟桥事变后,王芸生意识到抗战已经变成一场国家民族的战争,需要全民参与这洪流。在1937年8月17日,他在上海发表一篇激情洋溢、文惊四座的短评:

> 昨天是沪战的第四日,连朝风雨,乍转晴朗,在从丛浓云中露出阳光。这阳光照耀着地上的血迹。大时代中的大上海,一面展开热烈的民族战争,一面描绘凄凉的都市惨景:在机影炮声之下,人们紧张焦急,心头眼里,都似有重大的期待。偌大市场,家家商店紧闭着大门;摩天楼下转徙着无家的流民,夜的马路比死还静,惨亮的路灯,照不见一个人影;一道闪电,一个轰雷,是炮声追逐着火线。中国的

① 周雨:《王芸生》,人民日报出版社1996年版,第149页。

儿女，敌人已把我们拖入大时代，我们便应该勇敢坚决的使我们的民族国家在大时代中翻身！

"来日大难"是我们的前途。救中国人者是中国人，担当现在国难者也应该是现在生存着的中国人。我们不须卜课，我们的命运就握在我们自己的手上。四万万人不要亡国，国不会亡；四万万人都忘掉国家，这个国家便一股脑儿沉沦大海。①

"文人论政"是历代文人秉持的"宁鸣而死，不默而生"优良传统的延伸，这与民间报人的职业价值理念有很大关系。可以说，这种关系不是一时冲动，而是民间报人对新闻职业理念的深入理解，影响这一代民间报人的职业生涯。张季鸾先生说过："我们同人都是职业报人，毫无政治上事业上甚至名望上的野心，就是不求权，不求财，并且不求名。我们以为不求权不求财，是士人常行，容易办，不求名却不甚容易……因为一个报人若只求虚名，得喝彩，有时要犯严重错误，甚至贻害国家。"②因此，鉴于国家民族前途命运"来日大难"，王芸生再次奏响报人的正气歌："不投降"。1937 年 12 月 14 日，（上海）《大公报》刊发了王芸生写的两篇社评，一篇是《暂别上海读者》，一篇是《不投降论》。他在《暂别上海读者》短评中没有一丝悲凉，而是对国家民族前途命运充满信心，就像当中所说：

有一个牢固的信条，便是：我们是中国人，办的是中国报，一不投降，二不受辱。哪一天环境不容许中国人在这里办中国报了，便算是我们为上海 300 万同胞服务到了暂时的最后一天。……我们是中华，服膺祖宗的明训，我们的报及我们的人义不受辱。我们在不受干

① 王芸生：《在大时代中翻身！》，《大公报》1937 年 8 月 17 日。

② 周雨编：《大公报人忆旧》，中国文史出版社 1991 年版，第 287—288 页。

涉不受辱的前提下，昨天敌人的“通知”使我们决定与上海读者暂时告别。①

另一篇社评《不投降论》。王芸生表明了慷慨激昂的坚决态度：“不投降的意义非常重要。只要我们的武士不做降将军，文人不做降大夫，4万万5千万人保住中华民族的圣洁灵魂，国必不亡。岳武穆百战不挠，袁督师独拒强敌，这两个虽都被奸佞陷害，赍志以殁，然忠烈所被，千载之下，犹令中华子孙感奋零涕，播下复仇种子。文天祥断头菜市口，史可法战死扬州城，更给中华民族保存了浩然正气。”最后，他唱响了一曲民族救亡图存的悲壮之歌，“我们是报人，生平深怀文章报国之志，在平时，我们对国家无所赞襄，对同胞少所贡献，深感惭愧，到今天，我们所能自勉兼为同胞勉者，唯有这三个字——不投降”②。“不投降”不但是王芸生表明抗战决心，也发出了中国报人群体的抗战心声。

随着战争形势越发严峻，《大公报》报馆沿着长江一线西迁。1938年12月1日，《大公报》重庆版创刊，报馆设在李子坝。尽管馆舍建筑非常简陋，主要采用土砌式结构，即以泥巴筑墙，覆盖泥土并用木板围起来。然而，这些建筑竟然能够盖成二楼、三楼，还保持着十分简陋的状态。《大公报》在三个月之中，居然建了两座楼房及一座工厂，还有若干家庭宿舍，王芸生的家属亦住其中。另外，他们在附近山上开凿了一个山洞，安装机器，方便印刷。由于抗战时期重庆的纸张等物资匮乏，《大公报》经常遇到报纸短缺问题，不得不由进口纸张改为土纸（重庆铜梁等地以手工法制的土纸，五颜六色，拿到手里，一不小心即可破碎）。由于篇幅缩短，每日仅出对开一张半，因此副刊变成了不定期刊登，常常出现发一

---

① 王芸生：《暂别上海读者》，（上海）《大公报》1937年12月14日。

② 蔡晓滨：《幽暗的航行》，中国海洋大学出版社2008年版，第162页。

批稿子后一两周用不完的情况。后来，报馆感到过意不去，偶尔在广告较多时，临时增加一张或半张的篇幅，以解决稿源过多的问题。尽管面临这些困难，《大公报》仍然能够保持其言论的权威性，并保持新闻版面的完整性。因此，它的发行量比全面抗战初期的十二万份还要多出数万份，达到了十五万份。因此，在大后方的西北、西南地区以及前线的军民都争相阅读《大公报》。①

《大公报》迁到重庆后，张季鸾先生因病重而很少写作，王芸生开始主持笔政。按照《大公报》规矩每天一篇社评，自从王芸生承担起这副重担后，变得更忙了。"他每天回家时间很短回来也只是睡觉，由于劳累，上火的事又多，经常流鼻血，有时厉害起来，一流痰盂就是小半盆，真吓人！他就用一块凉水浸过的毛巾敷在头上，继续干他的事，我还不敢劝，一劝他更急！"②张季鸾先生病逝后，王芸生独撑言论方面的大局，工作异常艰巨。据时人回忆："虽然（胡）政之、（曹）谷冰两位先生也不时替他撰写社评，究因他与各方已有长久接触，得失轻重之分际，他已比较熟习。我记得至少有两次他叫我当他的翻译去晤外国人，一位是英国人，一位是美国人——拉提摩尔，其实拉提摩尔会说中国话，不过有时弄不通了，须以英文代替。好在都是普通新闻方面的问题，我也应付裕如。嗣后凡有英文方面的事，他往往找我帮我忙看，不找其他我英文程度高的同事。"③

抗战时期重庆报人群体生活艰难和人身安全几乎成了一种集中的苦难记忆。王芸生何尝不是如此。尤其在《大公报》报馆刚到重庆的时候，经济非常困难，王芸生主动带头减薪，与报馆的同事们共同承受困难。当

① 陈纪滢：《陈纪滢文存》，华龄出版社 2011 年版，第 105 页。

② 中国人民政治协商会议重庆市委员会文史资料委员会编：《重庆文史资料》第 44 辑，西南师范大学出版社 1996 年版，第 2 页。

③ 陈纪滢：《陈纪滢文存》，华龄出版社 2011 年版，第 106 页。

报馆的经济状况好转时,他又主动向总经理提出给大家恢复原来的工资。从个人生活而言,王芸生的家中并不宽裕,子女们穿着简朴。面对日寇大轰炸,王芸生本来艰难的生活如雪上加霜。1939 年 5 月,在日机的连续大轰炸中,王芸生的家位于报馆附近的白象街,房子被震倒了一半,家人幸免于难。他们也和其他人一样,在战时生活中承受着艰难的煎熬。为了躲避空袭和钻防空洞,王芸生过度疲劳,一度昏倒在地。幸运的是,《新华日报》同人认出了王芸生,并把他送回了《大公报》的编辑部。尤其 1941 年 6 月"重庆防空洞大惨案",王芸生不仅目睹了大轰炸造成的"人间惨境",更是亲身经历了九死一生,"就在洞中当时有的人要进,有的人要出,把洞口堵住了,闷死了不少人。只见许多人赤身裸体往洞口挤,他是得到一位难友给了两粒人丹和一小块八卦丹含在嘴里,才得幸免于难的"。[①] 可以说,这种个体认识已经汇聚成了重庆市民关于战争的集体记忆的重要组成部分。

大公报人的个体内心世界渗透着"国家至上,民族至上"价值理念和行为规范的生活样式。在这种价值观的指引下,他们面对长期的日寇轰炸,依然坚定地坚持工作不懈怠。王芸生曾经风趣地说:"各人守着自己的洞。警报一响,我们就进洞。敌人空袭一般是在白天,我们在洞内一呆就是几小时。到下午解除警报,回到办公室,各机关团体就此下班,而报社编辑部人员上夜班,却正是一天工作的开始。重庆是有名的'火炉子',夏季骄阳如火,晚间的温度也并不降低,办公桌上的玻璃板都热得发烫。又因电线被炸断而经常停电,每个编辑面前都放着一盏煤油灯,宛如伴着一个小火炉,挥汗工作。而且,并不是下班就可以安睡了往往到天明下班的时候,只听一声轻脆的四川话'又挂起了'(放警报以前如果有情况,便在山上挂个红球),就得拖着疲乏的身子再奔防空洞。有时空袭

① 王芝琛:《一代报人王芸生》,长江文艺出版社 2004 年版,第 72 页。

夜以继日,所谓‘疲劳轰炸’,同人不能回编辑部工作,便在防空洞内编报。到1940年,将防空洞扩大,印刷机也搬进洞内。当时还没有轮转机,只有几部平板机,比较轻便。于是在这个防空洞内印报,敌机虽然逞凶,《大公报》却照常出报。在防空洞内编报印报,这在中国报业史上,大概既是空前,也是绝后吧。"①无论怎么困难,他始终对中国抗战胜利充满信心。他给沈从文的信中谈道:"国家在前进途中,这场战争将更加速国家的进步,假使我们在此时不能把国家撑持住,并推动她进步,那便异常危险。"②

日寇投降作为中国近代社会变动和重大的历史转折事件。在1945年8月12日,重庆新闻界已披露日本准备投降的消息,王芸生提前规划日本正式宣布投降时的报纸版面。他找到报馆有经验的编辑和排字房的工友,一起研究版面的设计。王芸生预感到,这次抗日战争的胜利是中国近代以来首次取得的反侵略战争的胜利,其意义非同寻常。因此,他强调在报道日本投降消息时一定要使用从未使用过的大号字体。同时,他亲自去排字房与刻字师傅崔永超共同研究字号、字体,并特意刻铸制作了五个特大号的铅字。8月15日,《大公报》对于这一天胜利给予言简意赅的报道,采用"既醒目又令人振奋"的特大号标题昭告天下:

日本投降矣!
答覆四国接受规定条款
今晨七时四国首都同时正式宣布

① 王芝琛:《一代报人王芸生》,长江文艺出版社2004年版,第71页。
② 王芝琛:《一代报人王芸生》,长江文艺出版社2004年版,第54页。

当时重庆报界使用这种大字号标题并不多见，《大公报》专号一出现就引发读者争相购买，山城一片沸腾。从人物的心理与动机看，王芸生与报馆同人们也一样沉浸在欢乐与回忆之中，栩栩如生，令人读了身临其境。

在喜庆的晚餐上，同仁们一致请对中日关系颇有研究且能言善讲的总编辑讲讲话。此时，王芸生的确感慨良多，要讲的话有千言万语，却又不知该从何谈起。他二十八岁进入《大公报》，随着八年（全面）抗战的炮火不断辗转，吃尽了游子离家的辛酸。这时，面对抗战胜利，他最直接的联想就是两个字——回家。最后，他为大家即兴背诵了诗人杜甫的《闻官军收河南河北》："剑外忽传收蓟北，初闻涕泪满衣裳。欲看妻子愁何在，漫卷诗书喜欲狂。白日放歌须纵酒，青春作伴好还乡。即从巴峡穿巫峡，便下襄阳向洛阳。"随着王芸生的吟诵，在场的编辑记者个个唏嘘，有的甚至老泪纵横。①

通过这份资料，我们仿佛穿越时空回到了抗战时期，感受到了那个时代的历史背景和人们内心的复杂情感。我们也能目睹王芸生和报馆同人们在胜利之际的欢庆场景。也可以说，这场战争的胜利来之不易，王芸生等报人们用特殊方式纪念全面抗战八年来以文章报国的辛酸苦难历程。

第二节　"我们在割稻子"：文章报国

近代中国报界所形成的"言论报国""代民讲话"氛围深深影响了王芸生的报刊认知。另外，张季鸾先生一直是王芸生从事新闻实践活动的领路人和精神导师。关于张季鸾与王芸生形成的师生情谊过程，"必须透视正在其研究视野中人物的内心世界，把握其行为之后的思想状态，否则就不能撰写出适当的历史"②。这种历史来源于文人的文章报国心理，竭尽才能，为国家人民谋福利的交往精神。这正反映了中国文人特殊的师生语境。在全面抗战前期，他深受张季鸾的"国家中心说"影响，认为拥护政治中心、团结一致是准备抗御强敌的需要。诚如张季鸾在《抗战与报人》中所谈："任何私人事业，与国家命运不可分，报纸亦然。自从抗战，证明了离开国家就不能存在，更说不到言论自由……所以本来信仰自

① 香港《大公报》2007年8月15日。

② ［英］E.H.卡尔：《历史是什么》，商务印书馆2009年版，第108—109页。

由主义的报业，到此时乃根本变更了性质。”①可以说，“抗战”主题上升为当时报界最大问题，极大刺激中国报人的民族愤慨，转移了论政矛头。

在国家面临严重困境的时刻，许多民间报人对文章报国的政治预测有着清晰的认识。王芸生很清楚自己的报人角色定位，“我们是报人，在这个大时代中勉尽着言论报道的责任”②。在重庆期间，王芸生以勇猛、凌厉之势奔走于各种形式的抗战宣传，捍卫国家民族尊严，以此实现他报国的情怀。1941 年 12 月 11 日，王芸生等人用日语在国际广播电台演讲“太平洋战争与日本之前途”。王芸生作为一名研究日本的专家，对日情况非常了解，如他所著《六十年来中国与日本》一书，已经成为人们研究近代中日关系史必不可少的参考书。如，“某些重大事件的真相，依靠它，才得以披露于世，为人们所知，书中标举中国与日本，实际涉及中美、中俄等更广泛的范围”③。这本书从 1931 年 9 月王芸生接受张季鸾的任务后，在《大公报》开辟“六十年来中国和日本”专栏，论述了中日两国关系以及东亚局势发展。王芸生谈起写专栏的详情：“日本帝国主义进攻沈阳的炮声响了。大公报总编辑张季鸾因念国家之可危可耻，提议在报上辟一个专栏，每日刊载一段中日关系史料，以为警醒国人之助，并推我担任主编。我当时只是一员编辑，对历史并无研究。但以义不容辞，率尔操觚，实甚浅陋。由于符合读者的感情和需要，谬邀传诵，陆续得到历史学者和当代外交家的热心帮助，或予指教，或供史料，逐步得到先辈学者的重视，博得一些虚声，实非编者之功。”④正是这个专栏写作，奠定了王

---

① 张季鸾：《抗战与报人》，《季鸾文存》第二册，《民国丛书》第一编（98），上海书店出版社 1989 年版，第 152 页。

② 王芸生：《〈西线风云〉序》，范苏苏、王大龙主编：《范长江与青记》，北京工艺美术出版社 2008 年版，第 73 页。

③ 刘大年：《赤门谈史录》，人民出版社 1983 年版，第 149 页。

④ 刘德有、马兴国主编：《中日文化交流事典》，辽宁教育出版社 1992 年版，第 854 页。

芸生在社会上及报馆的内部地位。该专栏内容后被整理为《六十年来中国与日本》一书并出版。学者刘大年对这部著作称赞有加,“三四年以前,凡查考中外关系、中国近代史的人,总要看看《六十年来中国与日本》这部书。我接触王芸生先生的大名,就是从这部名著开始的。那是1947年的春天,我在北方大学工作,利用养病时间收集一些中美关系的历史资料。解放区只有少数小图书馆,材料缺乏。某次我同校长范文澜同志谈起这件事,他指出可以注意两部书,一部是《李鸿章全集》,一部是王芸生的《六十年来中国与日本》”①。这些事迹充分展示了“有学有术”的民间报人与国家、民族之间的复杂关系。

像王芸生这代报人拥有了解对外关系的底气,才能承担起民间报业“言论报国”使命,是我们这个多灾多难民族的大幸。我们可以从文章书写角度、立场及其他方面分析王芸生采用了何种文章报国方式。

(一)洞悉新形势,化解言论矛盾。抗战时期民间报人论政谨守相对独立的本色,又无法摆脱现实主义桎梏。这时,他们善于敏锐洞悉新形势,把握言论体现“公”方向,适时推动矛盾的化解和问题的解决。《大公报》重庆期间,张季鸾生前一如既往地指点王芸生如何调适文章平衡,解决现实主义问题。他会形象地传授写言论经验,“凡根据现状,无论如何看不透的问题,应该学学孙行者,跳到半空中向下鸟瞰,也许会看清楚,弄明白的”②。1939年9月17日,苏联宣布进军波兰。王芸生本来忧心忡忡,加上苏联援助中国抗战的现实基础,这种忧虑被急速扩大。张季鸾思考片刻说:“我想通了。芸生! 你去写文章,骂波兰,骂它不忠,不智,不义。波兰托庇于国联,而不忠于国联,波兰靠凡尔赛条约维持,而不忠于

① 刘大年:《王芸生先生和他的〈六十年来中国与日本〉读后记》,王芸生:《六十年来中国与日本》第8卷,生活·读书·新知三联书店1982年版,第411页。

② 徐铸成:《报人张季鸾先生传(修订版)》,生活·读书·新知三联书店2009年版,第155页。

条约,是不忠。它不辨敌友,是不智。希特勒已鲸天捷克,东欧已危,波兰还趁火打劫占领特申区,是不义。柏克的外交,一贯的骑墙投机,还不该获得拙劣的结果吗?这件事,对中国并无害,于日本也无利。”①在他的指导下,王芸生在《大公报》发表《苏联、波兰、欧局与远东》社评,化解这一个难题。可以讲,无论国家还是报馆来说,都是一件大事,所以对外言论需要慎重把握尺度,避免成为扰乱国际大局的因素。

(二)抓住新问题,发挥言论的精神动员作用。民间报人言论需要时刻抓住新问题,吸引公众注意力,对国家社会有推动作用。王芸生勤勉工作,不尚空言,认真研究现状,尽可能发挥战时精神动员作用。1941 年 8 月,日本军队对重庆进行了连续数月的猛烈轰炸,使得人们的生命和财产遭受了严重的损失。在这个艰难的时期,王芸生探望了病重的张季鸾。在谈论日本轰炸机的凶猛行动时,他感到忧心忡忡,眉头紧锁。张季鸾问:“敌机走了,老百姓在干什么?”王芸生说:“我来的路上,看到老百姓在田里割稻子。”突然,虚弱的张季鸾有着报人敏锐的观察能力和迅捷的反应能力,兴奋地说:“今天你就写文章,题目叫《我们在割稻子》。就说,在最近十天晴空而日机连连来袭的时候,我们的农民在万里田畴间割下了黄金之稻。让敌机尽管来吧,让它来看我们割稻子。抗战到今天,割稻子是我们第一等大事。有了粮食,就能战斗”②。从情感角度,王芸生的内心世界里始终把张季鸾当成先生来对待,基本上按照其意图做事。这篇《我们在割稻子》社评表现了抗战军民临乱不惊的镇静、为抗战而生产的高贵精神,极大鼓舞抗战军民士气,以积极的态度对待失败。客观上为抗战精神动员作出了一定贡献。学者吴廷俊认为:“这篇社评很能代表这一阶段《大公报》的风格和精神,那就是坚持抗战,不屈不挠无论在什

① 中国人民政治协商会议陕西省榆林市委员会编:《张季鸾先生纪念文集》,陕西人民教育出版社 1991 年版,第 32 页。

② 王芝琛:《一代报人王芸生》,长江文艺出版社 2004 年版,第 72 页。

么情况下，都是在‘想个说法打击敌人’！”①《大公报》老报人唐振常先生说：“《我们在割稻子》是一象征用语，代表了中国人民的坚毅精神，代表了中国知识分子不苟的气节。张、王两先生和《大公报》抓住了这一点，形象地表现了这种精神与气节。”②可见，那些早已尘封冷却的文字，依然留存着一代报人文章报国的滚烫深情，记载一代报人前仆后继地在追求文章报国道路上的奋斗足迹。

（三）紧跟热点，大力谴责日本帝国主义的暴行。言论就是紧跟热点，核心是“勇”，这已是抗战时期民间报人的共识。王芸生的言论紧跟热点，大力谴责日本帝国主义的暴行，在当时影响较大，引起重庆社会轰动。重庆《大公报》报馆接连遭到日寇飞机轰炸。1940 年 8 月 31 日，王芸生《扩大重庆，抵抗轰炸》社评抓住日寇空袭重庆热点，将中国人民抵抗意识展现得淋漓尽致。如，“最近几天，暴日大概是尽了最大的可能，凑集了一二百架飞机，到重庆来昼夜空袭，用最残暴的手段，对繁华市街及平民区滥投烧夷弹，以逞其杀人放火的罪行。前天一度大火，焚毁了几条市街，又烧了若干市街。在弥天大火中，多少建筑在毁灭，多少消防人员在奋斗。奔腾的火焰，灼热了人们的面颊，烘沸了人们的血液。大家皆咬牙切齿，把这民族仇恨铭记在心头。救火的人们，奋不顾身地拼命抢救。家已被毁的人们，尽管尚不知夜间栖止何所，但他们只在憎恨敌人的残暴。这份诚意，相信是世界任何民族所罕见的”③。王芸生的这篇社评慷慨激昂，极具有感染力，几乎赖于他的独特修辞手法。

值得一提，王芸生的言论深受社会好评，却对报社本身所受的损失只字不提，秉承了“不私”精神。在 1941 年 7 月 10 日，日军的轰炸机对《大

① 吴廷俊：《新记〈大公报〉史稿》，武汉出版社 2002 年版，第 290 页。

② 唐振常：《唐振常文集》第 5 卷，上海社会科学院出版社 2013 年版，第 181 页。

③ 王芝琛：《1902—2006 百年沧桑——王芸生与〈大公报〉》，中国工人出版社 2006 年版，第 146 页。

公报》报馆发动了猛烈的攻击,经理部瞬间变成了瓦砾堆。编辑部大楼虽然没有直接被炸弹击中,但也被震裂,只能依靠几根巨大的木柱支撑。在这场突如其来的轰炸中,全体员工被迫在防空洞中度过了两个夜晚。尽管面临这样的困境,报馆仍然决定坚持出版报纸。由于电力供应中断,工人们只能挥汗如雨,用手摇印刷机,以土制的方式一张张地印出报纸。他们的坚韧和毅力使得《大公报》得以在战争期间继续为民众提供信息,为国家的抗战事业作出了贡献。王芸生感慨道:"此情此景我永远难忘。"对此,美国密苏里大学新闻学院称赞《大公报》拥有不屈不挠的抗战精神:"该报能在防空洞继续出版,在长期中虽曾停刊数日,实具有非常之精神与决心,且能不顾敌机不断之轰炸,保持中国报纸中最受人敬重、最富启迪意义及编辑最为精粹之特出地位。"①

第三节 "肃官箴,儆官邪":忧国忧民

在抗战艰难阶段,前方将士们在吃着粗饭甚至连饭都吃不饱的情况下,依然浴血杀敌,却因其待遇低下遭到质疑和批评。国民党 CC 系分子黄宇人等指出:"数百万与敌浴血苦战之士兵,其生活水准,更不如后方大户人家之猪狗,古今中外不平之事,恐无有过于此者。"②董必武谈到了当时重庆飞涨的物价问题:"青菜和柴薪每斤五六元,食盐每斤四十元,油每斤二百来元,米六七千元一市石。平均每人每月需洋三四千元,才能维持生活。"③老百姓的生活是很苦的,吃穿都成了问题,国民党当局实行了专卖和平价政策,把关系人民生活的糖、盐、火柴、卷烟、棉花、棉纱、棉

① 王芝琛:《一代报人王芸生》,长江文艺出版社 2004 年版,第 72 页。

② 焕维:《三届三次国民参政会摘记》,中国现代史资料编辑委员会:《抗日战争时期国民党统治区情况资料》(内部资料翻印),1957 年版,第 16 页。

③ 董必武:《大后方的一般概况》,中国现代史资料编辑委员会:《抗日战争时期国民党统治区情况资料》(内部资料翻印),1957 年版,第 142 页。

布，都实行专卖。在经济普遍短缺的背景下，依然难以阻止物价上涨，从而引起人们普遍不满。①

在这个抗战的“精神堡垒”里，并不是所有的人都在为抗战、为救国而奔波劳碌，不少人不顾国势危殆，放荡于声色犬马之间，穷奢极侈，过着腐化的生活等。陪都重庆中有不少达官贵人大吃大喝，甚至有人称，“重庆诸要人挥霍无度，重庆社会上长衣马褂，唇红旗袍，官吏营业，滥设机关，及酒楼应酬，诸有损无益各项，比比皆是”②。他们对抗战并不放在心上，反而大都抱着一种今朝有酒今朝醉的心态，使得舞场、酒肆生意十分兴隆。据《国民公报》报道，上海著名西服老板王荣康，将店铺西迁到重庆。1938 年王荣康为其及妻子庆生，专门在陕西街留春幄二楼大礼堂大摆宴席，招待亲朋好友。为了引人注意，他在留春幄大门前，用大幅红纸上书“王府宴客”四个大字，好一副气派的样子。宴席安排上，午前订席八桌，午后又继续宴客，宴请人数上百。王荣康为了热闹有趣还特别请来国民剧院男女演员三四十人演唱，仿佛一戏院，这些演员还获得一百七十元小费。为进一步铺张寿辰，讲究排场，他接着招来大批舞女“一时云裳艳影，粉腿纷飞，红红绿绿，欢笑如狂”③，男女来宾喝酒、听戏、赏舞，欢天喜地，直到深夜 11 点才逐渐散去，完全忘记了身处抗战卫国时期。此外，重庆大大小小的餐馆也极其之多，“几为五步一楼，十步一阁”④，生意异常火爆。社会人士如此，国民党当局高官更是如此。面对如此场景，王芸生拿起手中笔抨击国民党当局及相关人士，展现出一位民间报人具有的忧国忧民精神。

（一）报人的独立批判精神。在当时的历史背景和政治生态下，王芸

① 魏宏运：《抗日战争与中国社会》，天津人民出版社 2017 年版，第 408 页。
② 陈嘉庚：《南侨回忆录》上册，（新加坡）南洋印刷社 1946 年版，第 162 页。
③ 《商人王荣康大开宴席、生活奢侈》，《国民公报》1938 年 12 月 1 日。
④ 张恨水：《张恨水说重庆》，四川文艺出版社 2007 年版，第 45 页

生作为一名职业报人,具有独立批判精神,是难能可贵的。抗战时期大后方的贫富不均、社会不公等畸形丑陋现象,使他难以释怀,非行诸笔端的愤慨和抗议。1941 年 12 月 8 日,太平洋战争爆发后,日军侵占中国香港。王芸生向好友陈布雷寻求帮助,将困在香港的《大公报》总经理胡政之列入抢救名单。《大公报》派人到珊瑚坝飞机场迎接胡政之,但未能见到其身影。相反,人们传言从香港返渝飞机降落后,下车的竟然是孔二小姐,她还带着大批箱笼、几条洋狗和老妈子。① 与张季鸾生前不同,王芸生主持《大公报》对国民党及蒋介石态度保持若即若离关系。12 月 22 日,王芸生以对生活敏锐的洞察力、对社会问题的深邃思考,发表《拥护修明政治案》社评。如,"最重要的一点是'肃官箴,儆官邪',譬如,最近太平洋战事爆发,逃难的飞机竟装来箱笼老妈与洋狗,而多少应该内渡的人尚危悬海外。善于持盈保泰者,本应该敛锋谦退,现当这样不识大体。又如某部长在重庆已有几处住宅,最近竟用 65 万元出款买了一所公馆……此等事例,已传遍重庆,乃一不见于监察院的弹章,二不见于舆论的抗言,直使是非模糊,正义泯灭"②。这篇文章巧妙地避免战时新闻检查,不但披露了香港沦陷之际,"逃难的飞机竟装来箱笼老妈与洋狗"的丑闻,还揭开了外交部部长郭泰祺在国难当头竟以巨额公款买私人豪宅的黑幕。他说:"我们舆论界若再忍默不言,那是溺职。"③这正是一个独立报人所做的,不会因为惧怕风浪就不下水,而是勇于站在风口浪尖上。

---

① 多年来,几乎所有相关的历史著作都在继续宣扬:香港危急之时,孔家抢运"洋狗"。以讹传讹,相沿至今。有些著作甚至绘声绘色地描写孔二小姐如何在机上持枪强迫其他"要人"为"洋狗"让出位子,似乎作者当时在场一般。引用杨天石:《"飞机洋狗"事件与打倒孔祥熙运动——一份不实报道引起的学潮》,《南方周末》编著:《民国传奇》,二十一世纪出版社 2012 年版,第 214 页。

② 王芝琛:《百年沧桑(1902—2006):王芸生与大公报》,中国工人出版社 2001 年版,第 162 页。

③ 傅国涌:《民国年间那人这事》,厦门大学出版社 2015 年版,第 235 页。

经过《大公报》报道,引起了一场社会舆论,国民党当局被迫作出交代。如,“本年十二月二十二日贵报社评拥护修明政治案文内,涉及此次香港来渝逃难飞机装载箱笼老妈洋狗,致多少应内渡之人尚危悬海外等语,当以此事为社会视听所系,经饬中国航空公司彻查具报据称……在起飞前,时已拂晓因敌机来侦之故,不能再待,惟飞机尚有余位,故本公司留港人员因此亦有搭机回渝,并将在站之中央银行公物尽量装载填空,随即起飞,决无私人携带大宗箱笼老妈之事,亦无到站不能搭机之乘客。至美机师两人,因有空位,顺便将洋狗四只,计三十公斤,携带到渝,确有其事各等情。查所称各节,确属实在情形,贵报社所述殊与事实不符,除美籍机师携带洋狗一层,殊属不合,已由本部严予申儆外,相应函请查照,即予更正,以正观听,是所至盼”①。这段描述真实揭示了国民党当局失去公信力、陷入内外交困的情况。尽管国民党当局可以致函《大公报》,试图将责任归咎于信息有误,但他们无法掩盖权贵家族腐败劣迹的事实。正是王芸生对新闻事业的这种忠诚与热爱,有了对新闻工作这种莫大的兴趣,也就有了无时无处不在的新闻敏感,从而不断发现别人不敢或视而不见的问题。

(二)报人的济世救民情怀。在重庆时期,王芸生保持着一个报人的独立精神和济世情怀,屡次揭露国民党政府的腐败行为。也可以说,他以一双新闻的眼睛观察社会,秉承负有替劳苦大众说话的职责,对国民党当局的愚蠢做法提出批评。1943年2月1日,重庆《大公报》刊发记者张高峰的《豫灾实录》一文,讲述了河南地区水、旱、蝗、汤(汤恩伯驻军)四大灾害所造成的惨状,揭露国民党当局向灾区人民征兵、征粮、征税的人祸,惊叹河南人民的悲惨生活。从1942年春天开始,河南省出现了罕见的旱灾。除自然灾害之外,战争更是这场灾难的关键成因。“卢沟桥事变”

① 《文史资料选辑》编辑部:《文史资料选辑合订本》第8卷,中国文史出版社2000年版,第457页。

后,河南成为中国军队与日军作战的主战场。在1942年河南大饥荒爆发之前,日军在河南境内先后发动过十多次大规模进攻。1938年,蒋介石派人掘开了花园口大坝,导致黄河改道,引发了洪灾。尽管“以水代兵”战术暂时阻止了日军的西进,但豫东平原上广阔的良田却被淹没成为沙滩和河汊。长期的战乱使得河南成为全国出兵和供应粮食最多的省份之一,其土地早已遭受千疮百孔之苦。多年的征粮和征兵导致农民家中没有存粮,青壮年纷纷离开土地。从灾情时间看,旱灾不同于洪水或地震这样的突发性自然灾害,其发生和加重是一个长时间的持续过程。这次灾情本可以有足够的救援时间,然而重庆当局却对河南发生的大规模饥荒毫无察觉。最终,国民党当局在救灾工作上表现不力,甚至对灾情漠不关心,给这场灾难雪上加霜。

受到重庆残酷生存现实的刺激,报人王芸生内心涌动着无尽的情感。在这种情况下,他写了一篇充满情感和思考的社评,以表达他对这个问题的深刻关注。① 他在《看重庆,念中原》中说:“谁都知道那3000万同胞,大都已深陷在饥馑死亡的地狱。饿死的暴骨失肉,逃亡的扶老携幼,妻离子散。”“吃杂草的毒发而死,吃干树皮的忍不住刺喉绞肠之苦。把妻女驮到遥远的人肉市场,未必能换到几斗粮食。”“这惨绝人寰的描写,实在令人不忍卒读。而尤其令人不解的,河南的灾情,中央早已注意,中央的查灾大员也早已公毕归来,我们也曾听到中央拨了相当数额的赈款,如此纷纭半载,而截至本报通讯员上月17日发信时,尚未见发放赈款之事,千万灾民还在眼巴巴盼望。……河南的灾民卖田卖人甚至饿死,还照纳国课,为什么政府就不可以征发豪商巨富的资产并限制一般富有者‘满不在乎’的购买力?”②后来情势急转直下,蒋介石对此岂有不知之理?但是,他怕牵一发动全身,只能怪罪《大公报》影响抗战士气,却在日记上记

① 陆诒:《回忆在重庆的两次停刊》,《新闻记者》1992年第10期。

② 吴廷俊:《新记〈大公报〉史稿》,武汉出版社2002年版,第377页。

录这场灾难为证,不知道有没有自责之意?

> 公务员生活穷困万状,妻室以产育无钱多谋堕胎者,有医药无费,病贫亦深者。华侨在粤,有鬻子女过活者。河南灾区,饿莩(殍)在道,犬兽食尸,其惨状更不忍闻。天呼!若不使倭寇从速败亡,或再延长一二年,则中国势难支持。余将不能完成上帝所赋予之使命矣!奈何苍天上帝盖速救我危亡乎!①

王芸生不是很理解蒋介石装聋作哑的做法,好友陈布雷辩解道:“委员长根本不相信河南有灾,说什么‘赤地千里’‘哀鸿遍野’‘嗷嗷待哺’,委员长就骂是谎报滥调,并严令河南征缴不得缓免。”对于国民党专制统治的根深蒂固沉疴,仅靠王芸生那种报人的济世救民情怀难以解决,这是因为“政治权力的绝对性没有哪个社会阶层能够撼动,知识分子最理想的状态是在它周围活动,进入则势必成为附庸,保持一定距离则至多能够做到论政”②。

(三)报人的秉笔直言精神。随着国民党当局的日益腐败和物价飞涨,大后方人心涣散,民怨沸腾。无论是官僚财阀、达官贵人,还是平民百姓、贩夫走卒,都为了钱财终日上蹿下跳,惶惶奔走,或是互相勾结、狼狈为奸地做着投机买卖,或是钩心斗角,为了争得自己最大的私利而玩弄骗术乃至圈套,弄得整个重庆乌七八糟,让人不得不感慨:“唉!我说从前是中华兵国,中华官国,如今变了,应该说是中华商国了!”③因此,重庆报人群体中的有识之士意识到,要收拾人心,挽回颓局,不能再对当局浮现

① 傅国涌:《帝国尽头是民国》,厦门大学出版社 2015 年版,第 286 页。

② 邵志择:《近代中国报刊思想的起源与转折》,浙江大学出版社 2011 年版,第 197 页。

③ 张恨水:《魍魉世界》(上),北岳文艺出版社 1993 年版,第 288 页。

的种种腐败熟视无睹。王芸生有强烈的道德使命感,以言论干预国家生活,为言论而言论,“我是一个从事言论的人,常随国家之忧而忧,国家之喜而喜。在这个大时代,我自然也忧深而喜浓”①。他尖锐的言论,是许多大后方百姓想说却没有机会说的真话。由于国民党统治区内通货膨胀,市场物价飞涨,贪污横行,囤积居奇,民不聊生,所以《大公报》发表《申论紧缩》社论等连续批评,形成一场社会舆论。经过这场舆论宣传,无论蒋介石的官方文告中,国民党会议的决议中,还是国民参政会的议案中,均实施“节约”“紧缩”等,而实际操纵国民党政权的四大家族,以及投机官僚商人,都在依靠膨胀政策而发展官僚资本,发国难财。然而,《大公报》宣传的抗战紧缩论,根本不可能阻挡国民党政权的腐败潜流。美国学者费正清指出:“1943 年,我看到国民党的统治气数已尽,民心全失。”②

长期以来,民间报人群体的个人主义色彩浓烈,论政而不从政,公开批评而不介入权力斗争。因此,王芸生对民间独立报人负有监督政府的职责充满期望,常常对国民党当局做法提出批评。时任国民政府行政院副院长的孔祥熙,掌握财政大权,厌恶《大公报》所宣传的资本紧缩论。为了解决这事,孔祥熙邀请王芸生吃茶,翁文灏、张嘉璈、徐堪、俞鸿钧、刘攻芸、顾翊群等官员陪同。王芸生批评《大公报》某篇关于财政的文章,指出其中所引用的事实和数字存在不准确之处。他表示,如果认为报上的文章有任何不符合事实的地方,孔副院长或相关部门可以致函《大公报》进行辩论或要求更正。在座人员都沉默寡言,以一幕戏剧性的场面结束,孔祥熙最终也没有进行辩论。③ 不管显赫政要怎样拉拢,王芸生都

① 中国人民政治协商会议重庆市委员会文史资料委员会编:《重庆文史资料》第 44 辑,西南师范大学出版社 1996 年版,第 3 页。

② 傅国涌:《帝国尽头是民国》,厦门大学出版社 2015 年版,第 287 页。

③ 《文史资料选辑》编辑部编:《文史资料选辑合订本》第 8 卷,中国文史出版社 2000 年版,第 455 页。

能做到不卑不亢，并以平视的眼光看待。

重庆国民党当局的政治黑暗、仕途污浊、官场腐败，妨碍了全面抗战胜利的步伐。1944年4月到12月期间，国民党军队在豫湘桂战役中遭受了惨重的溃败，失去了河南、湖南、广西、广东、福建的大部分地区和贵州部分领土。这一系列失败导致数千万同胞处于日军铁蹄之下，给国家带来了巨大的损失。王芸生执笔《大公报》不断地发新闻、社评，鼓励国民党当局"在大艰难中作大努力！"日军攻进贵州，引起重庆当局惊恐。《大公报》更是着急，希望"最高统帅部移驻贵阳"，抗击日寇。事后，王芸生形容其当时心情时说："当时真是急死人了，好像心急得都要跳出胸膛！"1944年12月19日，王芸生撰写《为国家求饶》社评，先后对国民党"官僚"们、"国难商人"们，以及那些"非官非商亦官亦商以及潜伏在大团体里的混食虫们"，大呼"请你们饶了国家吧！"①12月22日，王芸生再次撰写了题为《晁错与马谡》的社评。他引用了汉景帝杀晁错以战胜七国之兵的历史事例，以及诸葛亮斩马谡以正军法的例子。在此基础上，他写道："在国家形势微妙、历史关键时刻，除去权力斗争中对立者的精神武装，惩处败将以赢得军民的支持，是明智而必要的行动。"②他的忧国忧民心情溢于言表，笔锋犀利，直指杀掉国民党的腐败权贵，敢言敢说，读来颇感痛快淋漓。

第四节　自由报人的生存信仰：独立发言权

传统中国读书人心中的"天下兴亡，匹夫有责"的道德规范精神品质，传承在近代知识分子新闻实践中，论政而不参政，以言论报国，代民说话。在这方面，王芸生就是典型代表。他心怀国家、情系民族，擅长政论

① 王芸生：《为国家求饶》，《大公报》1944年12月19日。

② 王芸生：《晁错与马谡》，《大公报》1944年12月22日。

新闻，造就其文章大俗大雅、大开大合。当然，他的文章体现其文人论政的理想，“主要想做一纤纤儒夫，摇一鹅毛细笔，纵论天下，评点时局，臧否朝野，以一己之力，助社会进步。然而，王芸生出身贫苦，不善于交际，又没有上过学，虽有相当才气，却也十分内向、敏感且自尊、自傲”①。正如王芸生在《芸生文存》中写道：“革命的火焰曾使我的生命发光，而革命阵营中的腐败现象也确曾伤过我的心。我从那时起开始有了一种觉悟，觉悟自己不是一个可以一手回天的英雄，遂摒绝一切政治的轇轕，安心来过一个新闻记者的生活。人是从那时起变的没出息了，也从那时起变得更老实些了，但自信我的心却未曾冷。”“我的报自然是我们这个国家的生活史料，我的文章也希望它不至于太对不起我的国家。”②不难看出，他办报的目的志在国家民族为己任，成就于政论新闻想法。在重庆期间，王芸生作为政论中的自由报人，秉承《大公报》的“不党、不私、不盲、不卖”即“四不主义”原则。可以说，王芸生能够拿起大笔，对抗战时期重庆的重要事件报道、分析和论述，以及在社会上引起反响，很大程度上和他的自由报人旨趣有关联。

（一）独立于任何权势，不屈从外部势力控制。像王芸生等民间报人群体在论政的同时，他们常常变成时代政治问题的组成部分。《大公报》制定“四不主义”办报方针无形中为王芸生“文人论政”的魔咒铺下伏笔，成为他抗战职业生涯的一代绝响。他不但拒绝国民党当局的利益拉拢，而且坚信要做好一个自由报人，必须不能片面享受新闻自由带来的权利，如，“新闻自由，是新闻记者的本分要求，这等于要求一种权利。但权利不应该是片面享受的，我们还应该忠实地尽到我们的义务……新闻记者怎样执行这种实际、庄严而有意义的职务呢？我们认为只有‘真’与‘勇’两个字。真实地记出你所见到的事，勇敢地说出你心里的话，可以无愧为

① 李纯青：《笔耕五十年》，生活·读书·新知三联书店1994年版，第510页。

② 王芸生：《芸生文存》，大公报馆印刷，1937年版，第6—7页。

一个新闻记者了。敢说，敢做，敢担当，是自由人的风度；敢记，敢言，敢负责，是自由报人的作风"①。因此，他一生都把权力和金钱看得很轻。全面抗战初期，正值国民政府成立军事委员会政治部，政治部部长陈诚亲自邀请王芸生担任第三厅宣传部部长，王芸生婉言谢绝了。陈诚连忙补充说："不要你去办公，你可推荐一个副手帮你就是了。"王芸生依然没有接受。随后，陈诚又送来政治部设计委员的聘书，并提供每月三百元的津贴，然而，王芸生婉拒了这份待遇。陈诚有一次与王芸生晤面时说："芸生先生，你不要太清高了。"王芸生听后一笑置之。事后他对朋友说："我服从司马迁的一句话，'戴盆何能望天！'意思是头上已戴了新闻记者这个盆子，便看不见别的了。"为维护报人的节操，他经常自我解嘲道："我是办报的，报纸是我唯一奋斗的事业。"②

什么样的报风决定什么样的报人节操。对王芸生来说，个人荣辱离不开当时社会公器《大公报》支撑。这一点，王芸生是清楚的。《大公报》迁到重庆后，王芸生收到国民政府军事委员会参议的聘书。陈布雷告诉他："这是委员长的意思，请勉强收下吧，好在只是个空头衔。"到月底，军委会竟送来了数目可观的薪水。王芸生立即把聘书和薪水一并退了回去。张季鸾先生称赞他是践行《大公报》"四不主义"办报方针的模范。王芸生主持的言论事业正因为不被金钱和权势俘获，才使其言论立场不会受外部势力干涉。然而，当时重庆的各级官员都知道，蒋介石每日必读《大公报》，在其办公室、公馆和餐厅均放置一份《大公报》，以备他随时翻阅。于是，许多军政要员为了抬高自己的声望，而想尽办法在《大公报》上刊登一个"消息"或文章之类，不乏达官贵人带着礼物前来拜访，都被王芸生断然拒绝。即使特务头子戴笠派人送上贵重的礼物，也遭到他的

① 王芸生：《送别新闻自由的使者》，《大公报》1945年4月3日。

② 王芝琛：《1902—2006百年沧桑：王芸生与大公报》，中国工人出版社2001年版，第118页。

拒绝。所以,王芸生不拿事业谋取私利,如此则可以维持独立地位和社会信用。

(二)坚守报人的独立人格。一个真正意义上的知识分子,不管他们的学历和知识有多高,声名有多显赫,独立的人格才是第一位的,因为人格的独立涉及思想的自由,只有独立人格的支撑,才会催化出锐利而自由的思想。独立人格正是一个人之所以能够成为"真己"并成就自己的各种生命理想和追求的根本保证。王芸生曾说过:"我作为一位民间报纸的发言人,要保持自己独立的人格,我才有独立的发言权,我才有资格说真话,对国民党才能嬉笑怒骂。"①通过王芸生的事业实践与人生经历发现,他在言论上具有的独立精神,不断向世人传递着真相,传递着民众抗敌的心声。抗战期间,国民党中宣部每周都要举行一次例行的招待会。在长沙弃守之际,一位陆军少校主持一场例行的记者招待会。他对战局推测保持沉默,回答记者提问时总是以"军事秘密!"作为回应。当时情势紧张,记者们自然感到困惑,议论纷纷,这场记者招待会变得无法进行下去。在座的财政部部长俞鸿钧和行政院参事张平群出面解围,平息了风波。突然间,坐在第一排的王芸生,顿足高声喊道:"这是什么话?成什么体统?抗什么战?究竟机什么密啊?简直气死人!不听招待会了,走,大家都走。"会场气氛顿时紧张起来,有人低声说:"王先生发脾气了,好家伙,除了他谁敢?有种有种!"②记者招待会不欢而散,而这件大闹会场的新闻,却不胫而走,成为街谈巷议的话题。可以说,一个平时巴结权贵的奴颜媚骨者,是绝不会在他那充满奴化精神病毒的头脑里产生任何独立见解和思想的,更不用说对权贵阶层的批判精神了。

(三)保持客观公正立场。报人失去了客观公正,还怎么能被社会所

---

① 陈为:《一本正经》,中国发展出版社 2014 年版,第 32 页。

② 中国人民政治协商会议重庆市委员会文史资料委员会编:《重庆文史资料》第 44 辑,西南师范大学出版社 1996 年版,第 5 页。

接受和认可？报人通过客观的、专业的态度报道大局,这是一种惯例。对重庆民间报人来说,在抗战大局的政治纷争中艰难地保持客观公正立场。1941 年 5 月,为了迫使重庆国民政府投降,日本侵略者发动了中条山战役。在这场正面战役中,国民党军队遭受日寇突然袭击,损失惨重。同时,日本侵略者还发动了舆论攻势,试图破坏中国抗日军队之间的关系,散布诸如“八路军不愿与国民党中央军配合作战”“八路军乘机扩大地盘”“打通国际路线”“另立中央政府”等言论。当时,国民党当局为了掩饰惨败的事实,不仅通过《中央日报》等媒体散布谣言,甚至连战报也被篡改。尽管王芸生内心充满疑问,但他无奈地选择与国民党当局保持一致,卷入了一场舆论纷争之中。他在 5 月 21 日《大公报》发表《为晋南战事作一种呼吁》社评,引述日寇对八路军诬蔑之言,却巧妙地保持客观公正立场:“这些说法固然大部出自敌人捏造,惟既播之中外,其事实真相,自为中外人士,尤其我们忠良军民各界亟愿闻知。因此,我们热诚希望第十八集团军(八路军)能给这些说法以有力的反证。”①从事实来源看,王芸生发表这篇文章实为不妥,引起了重庆的一场“笔墨交锋”。可以说,这与“只是事实”的意识形态之间发生无望取胜的冲突是一种没有意义的做法。②

在实际的新闻报道中,媒体经常会涉及表面事实与内在真实的关系问题。《新华日报》刊登了周恩来写给张季鸾和王芸生的一封长信,其中除了驳斥日本侵略者的谣言外,还进一步阐明了中共领导下八路军(十八集团军)在抗战中的卓越成绩,并表达了中国共产党团结一致抗战的真诚意愿。周恩来代表中国共产党人作出声明:

---

① 中国人民政治协商会议天津市委员会文史资料委员会编:《近代天津十二大报人》,天津人民出版社 2001 年版,第 118 页。

② [德]约翰奈斯·艾赫拉德:《丑闻的力量:大众传媒中的符号学》,四川大学出版社 2016 年版,第 169 页。

我们可负责向贵报及全国军民同胞声明，只要和日寇打仗，十八集团军永远不会放弃配合友军作战的任务，并且会给敌人以致命的打击的。敌所欲者我不为，敌所不欲我为之；四五年来常持此语自励工人。今敌欲于积极准备南进之际，先给我以重击，并以封锁各方困我，力不足则辅之以挑拨流言，和平空气。我虑友邦人士不察，易中敌谣，故曾向美国通讯社作负责声明，已蒙其十九日在上海广播，不图今日在此复作又一次声明我信贵报此文是善意的督责，但事实不容抹杀，贵报当能一本大公，将此信公诸读者，使贵报的希望得到回应，敌人的谣言从此揭穿。①

报人在报道新闻时的确可以报道一切真实的现象，但是，也应该具有透视视角内在实质的眼光和能力。虽然并不一定对每一个事实都要去挖掘和发现其本质，却也需要尽量客观公正对待部分现象背后的真实性问题。

美国学者西伯特提到，“传媒总是带有它所属社会和政治结构的形态和色彩，尤其是传媒反映了一种调节个人与社会关系的社会管制制度”②。因此，张季鸾、王芸生等执掌的《大公报》必须对个人与社会关系进行调适，既要满足于他们所处于的社会政治环境，又要尊崇个人的信仰。这也是他们为何很重视周恩来的来信原因，如“我们知识周先生这几年对于促成团结抗战，尽力之处特多，在现时，几乎是政府与延安间唯一有力的联系。此次给本报的信我们不但相信其有根据，有权威，并且相信他正为此事而努力”。他们不顾重庆一边倒的舆论氛围，突破国民党

① 中国人民政治协商会议重庆市委员会文史资料委员会编，《重庆文史资料》第44辑，西南师范大学出版社1996年版，第11页。

② [美]西伯特等：《传媒的四种理论》，戴鑫译，中国人民大学出版社2007年版，第1页。

当局的新闻统制，毅然刊发周恩来的来信，传递中国共产党的抗战真相，这需要一种勇气。特别是张季鸾发表长篇社评《读周恩来先生的信》，表达了信奉“国家中心论”，并建议“最好毛泽东先生能来重庆，与蒋委员长彻底讨论几天。只要中共对于国家前途的基本认识能真实成立、一致谅解，则其他小问题皆不足障碍合作，而这种团结抗战的新示威，其打击敌人的力量比什么都伟大”①。事实证明，这是一种政治远见。当然，张、王为代表自由知识分子对其传统士大夫身份幻想和社会立场，尝试在局外发出独立声音，似乎是一种文人朴素的论政信仰驱动。

值得一提，在中条山战役问题上，张季鸾、王芸生对中国共产党的态度引起了毛泽东的高度关注，如“大公报此文很有意思，很可注意”“此刻是否到了蒋转弯的时机”“只要不妥协不反共，我们是拥蒋（所谓国家中心）到底的”等。关于这些问题，我们可以从1941年6月17日毛泽东给周恩来的电报中看到，指示其找张季鸾、王芸生谈谈问题。

恩来同志：

（一）五月二十一日及二十三日大公报，五月二十五日新华日报均收到，你的一文一信，大公报的复文（大公报此文很有意思，很可注意），都看了，你的信与文均在解放日报发表并广播，那封信写得很好。（二）中央给彭左制止进中条山电，朱彭给卫要求直接配合电，均转给你，谅收到。（三）依你观察，此刻是否到了蒋转弯的时机，可否找张季鸾、王芸生开一次谈判，如你以为有此必要，提议谈下列几点：（甲）远东慕尼黑问题即是否坚持抗战。（乙）该报五月二十三日社论所称“政府用人行政要时时改进，并且政治制度要随时势以进化，一切党派在三民主义原则下应当诚意合作，不可互相猜

① 重庆市政协文史资料委员会、中共重庆市委党校、红岩革命纪念馆编：《抗战时期国共合作纪实（上）》，重庆出版社2016年版，第607页。

防”，如何见之实行。（丙）向他们申明，只要不妥协不反共，我们是拥蒋（所谓国家中心）到底的，否则是蒋拒绝人家拥他，解散新四军，对八路不发饷弹，公开的普遍的反共言论与反共行动，叫人如何拥法？问他们有无改善国共关系的办法。（丁）问他们如何不发表华北捷讯。

毛泽东

十七日午①

关于电报内容解释，有学者对毛泽东对《大公报》提出的观点做了合理论证。② 但从本研究看，毛泽东还是希望张、王两人在国共争端中，保持客观公正立场，如“问他们有无改善国共关系的办法”“问他们如何不发表华北捷讯”。在特殊的历史生态环境下，王芸生等自由知识分子企图在国共两党的两极斗争夹缝中超验理想社会的蓝图，最终可能沦落为一个尴尬的境界。

总之，王芸生的个性使然，泾渭分明，源于自身职责和角度的确定上，也是那个时代一切有良知的知识分子的必然选择。他对“新闻自由”有其理解：“所谓新闻自由，据解释，其中包括新闻采访的自由、新闻的传递自由及新闻发布的自由。”“新闻就是客观事实的写照，为美为瑕，事实是顶好的说明。根据事实所写的新闻自由发表，自由交换，一任其公开于光天化日之下，则真相毕露，丑恶者无处藏身，也就无从矫造欺瞒，偷天换日。”③像王芸生所代表那批报人的“新闻自由”理念，在同人群体的角色单位中不是时代的主流话语，而是贯彻一种特立独行的乌托邦情节。

① 中共中央文献研究室、中央档案馆编：《建党以来重要文献选编（一九二一——一九四九）》第18册，中央文献出版社2011年版，第417页。

② 张继木：《张季鸾抗战言论研究》，华中师范大学出版社2014年版，第100页。

③ 蔡晓滨：《中国报人》，新星出版社2010年版，第139页。

小　结

重庆期间，王芸生在言论工作中倾注了大量心血，使他能够保持一位民间报人的独立人格精神。当然，无论从报人职业角度还是国家民族角度来讲，王芸生能够以报人敏锐的观察力与职业敏感积极参与对敌的舆论战，也体现中国民间报人一心为国的职业道德。他曾说过："我是一个从事言论的人，常随国家之忧而忧，国家之喜而喜。在这个大时代，我自然也忧深而浓。""对外的战争既然爆发，军事的利益高于一切，我的笔，也希望它对于国家的抗战能有些微的贡献。"①王芸生对报纸的功能有过一个生动的比喻："报纸的一面作用是反映现实。如果现实是丑恶的，怎样控制，镜子也无从把它照美了。镜子可以摔碎，却不能借挖掉后面几块水银来光鲜面容，那只是把镜子本身弄得破烂而已。"他的心灵世界折射出趋时与回归的社会心理，"向世界夸耀国家如何光荣地尊重新闻自由，不管那光荣真实到怎样程度，能够把新闻自由当做光荣，这趋向总是极其可喜的"②。这点，王芸生对报刊的认识是时代的产物，是他身处那个时代和历史时期对新闻实践活动的思考和总结，所以必然带有那个时代和历史时期的印记，体现他从事新闻活动时的社会状况、思想状况等。当然，他既保留旧式报人风格与特性的底蕴灵魂，又增添新时代的色彩与特色，努力地在国民党当局和广大民众之间寻找一种平衡，无疑对他的抗战新闻实践活动以及历史进程产生较大影响。

---

①　罗珍：《中国知识精英外交思想研究——以抗战时期为考察中心》，上海大学出版社 2010 年版，第 217 页。

②　蔡晓滨：《幽暗的航行》，中国海洋大学出版社 2008 年版，第 167 页。

第四章　难做的国民党报人与官员：程沧波

程沧波推动南京《中央日报》改行社长制，对《中央日报》的发展有着“承前启后”的重要作用。他因与章士钊的笔战而在国民党内文名大盛，又曾为蒋介石拟写抗战文告而被蒋介石称为“中国第一支笔”。

——赵建国等：《“中国第一支笔”——程沧波》

从国民党党报史看，20 世纪 30 年代国民党的党报企业化经营建设纳入政治文化空间的情况，党报人对此起了推动作用。当然，不管我们如何以历史的复杂性为借口作辩解，但绝对不能无视政党集团新闻工作者中的绝大部分成员依然是政党报人的事实，都是一种工具意义上的力量。① 在抗战国难之际，程沧波成为那个时代国民党党报报人报国的缩影。在加入党报之前，他经常为上海《商报》撰写评论，因此受到了陈布雷的关注。1928 年陈布雷推荐程沧波担任《时事新报》主笔。九一八事变后，南京《中央日报》执行蒋介石的不抵抗政策，不惜颠倒是非、造谣惑众，给党报经营带来了严峻挑战。

在日益失去民心的状况下，国民党当局希望党报能有所革新以适应形

① 王春泉：《新闻采访技巧——理论与实践》，西安出版社 2008 年版，第 69 页。

势变化，网罗一批新闻从业者，从事经营管理工作。易劳逸认为："蒋介石把一批受人敬重的……记者和知识分子……招揽到政府中来，这批人一般很有能力，也比较进步。"①程沧波从过去的"文人论政"角色转变为"文人从政"，正式步入了国民党新闻体制内以"报人报国"为宗旨的道路。在他的主持下，《中央日报》企图改掉以往弊病，提出"要把报办好，在新闻报道上，在言论上，乃至广告发行上，先把这份报纸站在国内新闻界可以不愧为一个领导的报纸"②。他强调国民党党报的党性与人民性关系，"依吾人所见，党之利益与人民之利益，若合符节，换言之，人民之利益即党之利益，为人民利益而言，即为党之利益而言。故本报为党之喉舌，即为人民之喉舌"③。他还创造了将党报的"党性"和民营报刊提出的"人民性"相结合的办法，称之《中央日报》具备"人民的喉舌"功能。在这种积极的探索下，程沧波仿照美国《纽约时报》的经验，将原《中央日报》的总编辑负责制改为社长负责制，由报社直接向国民党中央党部负责。这种体制的革新，不但在报社内部统一了权力，避免了叶楚伧时期的社长徒有其名和报社各部的互不相容，而且在形式上成了独立的法人。④ 在那个云谲风诡的时代，程沧波徘徊于报人与官员的角色转变中，艰难地推动国民党新闻事业发展。

第一节　报人与政治之间徘徊：主政重庆《中央日报》期间

在党报体制方面，那批接受欧美新闻洗礼的国民党报人重视党报管

---

① 王继先：《坚守与徘徊——新闻人马星野研究》，南京师范大学出版社 2018 年版，第 133 页。

② 程沧波：《半世纪的回顾》，胡有瑞：《六十年来的中央日报》，（台北）中央日报社 1988 年版，第 30 页。

③ 程沧波：《敬告读者》，《中央日报》1932 年 5 月 8 日。

④ 曾宪明：《中国近现代报人与报业》，武汉出版社 2008 年版，第 228 页。

理系统的建设。《中央日报》原为总编辑、总经理两长制,编辑部与经理部常闹摩擦。经过多次出国留学的学习与考察,程沧波建议国民党当局改为社长制,实行报社行政独立,社长直接对国民党中央宣传部负责。国民党中央批准《中央日报》实行新体制。程沧波在国民党宣传部大员中算是比较开明的人士,他力图改变《中央日报》不佳的声誉,强调"不是盛气凌人,或假借政治势力对其他方面压迫,而是以极礼貌亲和的方式与全国思想界周旋,用盛情与友谊与全国舆论界联系"。在日寇入侵的严峻形势下,他开始反思报刊不关心国家安危的报道问题,并提出了深刻批评。"这几年来,报纸上告诉人民的,有多少关于国家安危的记载? 这几年来,报纸上有没有把一件严重的关系国家安危的事件,原原本本详细告诉过国民?"[①]在程沧波看来,报纸的不作为就是对人民的不作为,所以导致社会舆论无法服务于全民抗战大局。

1937 年 6 月至 7 月,蒋介石分批邀请社会知名人士到庐山举行座谈会。程沧波为蒋介石写了《对卢沟桥事变后之严正表示》一文,该文实际上是国民党的抗战宣言,为国共合作建立抗日民族统一战线创造了条件。这篇文章上有不少为抗战期间军民所熟知的名言词句,如:"和平未到绝望时期,决不放弃和平;牺牲未到最后关头,决不轻言牺牲。""战端一开,地无分南北,年无分老幼,皆有守土抗战之责任,皆应抱牺牲一切之决心。""此事发展结果,不仅是中国存亡问题,而将是世界人类祸福之所系。""'人为刀俎,我为鱼肉',我们已快要临到这极为人世悲惨之境地。这在世界上稍有人格的民族,都无法忍受的。""我们希望和平,而不求苟安;准备应战,而决不求战"等。[②] 程氏文笔敏捷,充满正气,这是他几十年报界生涯中最引人注目的特点之一。因此,蒋介石称赞他为"中国第一枝笔"。

---

① 程曼丽、乔云霞主编:《中国新闻传媒人物志》第 5 辑,长城出版社 2014 年版,第 298 页。

② 吴之光:《一代报人:程沧波》,《江苏地方志》2002 年第 2 期。

由于国难需要与命运安排，程沧波担负起《中央日报》迁往重庆的责任。1938 年 9 月 1 日，《中央日报》在重庆出版，程沧波以国民党中央宣传部副部长身份兼任社长。这段时期，他不辞劳苦，处理社内各种事务，历经辛酸苦楚的战争动荡，尤其"大动乱时间，搬运器材，设法交通工具，安插西迁员工，经过'五三''五四'的大轰炸，在防空洞里写社评，在破屋中张起油布睡觉，在会仙桥的火海中收拾余烬，维持出版"①。一是抓报人业务工作，"他说编辑部工作同人，自己跑新闻、编稿子，却不仔细看自己的报，比较别家的报；做一个报人，对每一问题虽不能备悉其底蕴，至少有个概念，这日常本分的工作，除了本分工作之外，还是得念兹在兹，不断求进步"。二是鼓励报人读书和写作。为了提升报人学习能力，他常常以身示范作表率。如"他常常鼓励同人看书，他自己便有好的读书习惯。他说写文章不能仅仅拘于一事论列，必须开拓境界，注入广泛的新材料。他最大注意力大部集中在评论方面……他的文章写得很快，有时候却为了一个标题，费上很多时间，甚至回家以后，深夜打电话到编辑部叮嘱修改"②。

1939 年"五三""五四"大轰炸后，重庆各家报社均遭遇损失。重庆各报负责人就聚集在一起商讨善后事宜。作为《中央日报》负责人的程沧波积极参与其中，并与《时事新报》《国民公报》《大公报》的负责人达成发行联合版的初步共识。为了保证"战时首都日报不能一日停刊"，5 月 5 日，国民党中央宣传部发出通知，指定由《中央日报》牵头，召集《大公报》《时事新报》《扫荡报》《国民公报》《新蜀报》《新民报》《商务日报》《西南日报》《新华日报》等负责人共商"各报联合出版"发行事宜。5 月 8 日，《重庆各报联合版》推出了由 10 人组成的"重庆各报联合委员会"，并推选程沧波为主任委员。程沧波能够担任"主任委员"，

---

① 钱易仲：《抗战时期中央日报四社长》，《报学杂志》1948 年第 1 卷第 3 期。

② 钱易仲：《抗战时期中央日报四社长》，《报学杂志》1948 年第 1 卷第 3 期。

这与他的国民党党报报人身份有着不可分割的关系。然而，由背景不同、立场各异、竞争激烈的抗战时期重庆最为重要的10家报社组成的《重庆各报联合版》能够一直出版到8月12日，并未有一日发生出版、发行事故。可以说，体现了程沧波这个"主任委员"在组织协调工作方面所做的努力以及对维持《重庆各报联合版》运作、确保战时新闻事业的延续的坚定信念，由此可窥其能力。尽管抗战时期生存充满坎坷荆棘，但他对重庆报业的发展满怀期望，"重庆的印刷设备虽困难，重庆的刊物最发达。重庆一地有十几家全国领袖报纸，去年五四大轰炸后，重庆全市各报合作出版联合版，这在世界报业史上是一个新纪录；重庆的报纸，汇集战前京沪平津各大报，今日重庆办报是报人各显身手的好地方"①。

国共两党之间的斗争是全方位的，大众媒介领域是他们斗争的重要场所。② 1939年3月，国民党当局颁布《国民总动员纲领及实施办法》，强化国民党党报控制抗战宣传的政策，如"不违国民革命最高原则之三民主义不鼓吹超越民族之理想与损害国家绝对性之言论不破坏军政军令及行政系统之统一不利用抗战形势以达到国家民族利益以外之任何企图。一切思想言论，悉以此为准绳。有违此义，则一体纠绳，共同摈绝"③。这个新闻政策直接捆绑抗战，压制一切不符合国民党统治的言论。《中央日报》作为国民党中央机关报，自然受到当局的重视。蒋介石一度对程沧波寄予厚望，要求迁到重庆的《中央日报》与《新华日报》展开竞争，改变中共报刊独大的状况。但是，《中央日报》在气势和水准上均难以与《新华日报》匹敌。报人陶希圣道出了《中央日报》无法主导舆论

① 程沧波：《香港回望重庆》，《战时记者》1940年第2卷第9期。

② 朱寿桐主编：《中国新文化百年通史》（上），南京师范大学出版社2017年版，第443页。

③ 彭明主编：《中国现代史资料选辑》第五册（下），中国人民大学出版社1989年版，第346页。

的原因，“因为蒋先生对于党报——《中央日报》，常加指导，认为《中央日报》应该参与机密而不能泄露机密，应该知道政局而不应抢新闻。（这一段经过，（程）沧波先生知之甚详，因他在《中央日报》很久）”①。本来，新闻媒体遵循客观世界变化进行报道，既然国民党党报听命于蒋介石的随心所欲旨意，就无法保证遵循新闻工作规律，势必造成种种之间的复杂矛盾，甚至遏制它的生存发展。

国民党当局排除异己的严密控制势必削弱本党报人的办报热情，难以主动地、创造性工作。在重庆期间，报人们之间的关系不错，甚至相互约稿予以支持。自张季鸾先生逝世后，《大公报》和国民党当局关系紧张，先后发生“拥护修明政治案”“看重庆，念中原”“爱恨悔”等言论冲突。在这期间，蒋介石对《大公报》的言论颇为敌视。他一面感觉《大公报》的言论态度不称他的心意，一面恨其党报不能引起社会重视，致使《中央日报》的社长连换几任。重庆时期，程沧波对国民党当局的腐朽贪婪是有所不满的，颇有微词，并且对新闻见解与蒋介石完全把报纸视为宣传工具的观点亦相悖。他在《大公报》上发表了名为《论传记之学》的文章，尽管文章内容与时事毫不相干，但恐怕是有意对当前时局进行隐射的。在某次国民党中央党部总理纪念周活动中，蒋介石质问程沧波：“你是国民党党员，为什么不给党报写文章？偏偏要在其他报纸发表文章，这哪里像一个国民党员！”②这一点，程沧波不仅经常给《中央日报》等刊物写文章，而且很多文章在当时产生了较大的影响力。他作为国民党新闻事业党化时代的报人代表，有时候身不由己，可能会触怒蒋介石。此外，他的个人私生活也不太检点，多次被人举报。由于这些原因，程沧波最终不得不提交了辞呈。况且，国民党没有不允许党员或部长给党外报刊写

① 陈布雷：《陈布雷回忆录》，岳麓书社 2018 年版，第 270 页。

② 《文史资料选辑》编辑部编：《文史资料选辑合订本》第 8 卷，中国文史出版社 2000 年版，第 463 页。

文章的规定。陈布雷对程沧波辞职表达惋惜之情,“为当时战时首都少一个新闻从业人员而叹息”①。不少身兼国民党“官员”与“报人”双重角色的报人对自身命运难以把控,在很多问题上角色界限模糊,导致他们经常徘徊于这种情理和事理抉择之中。

值得一提,无论作为国民党报人还是官员,程沧波都表现出一副尽职尽责的样子,替当局挽回举步维艰的舆论颜面。在重庆大隧道惨案中,国民党当局与报刊以及报刊之间爆发激烈争论。身为国民党中宣部副部长的程沧波对一些大报的报道施加影响,引导舆论走向。据曾任国民党中央宣传部主任秘书的董霖回忆:“国民党在各重要地区发行党报,直接受中宣部管辖,副部长程沧波为新闻界健将,对于如何根据现实,发挥舆论,贡献特多。部中特设社论委员会,每周聚会一次,商决言论方针,指示各报。”②

第二节　柳暗花明又一村:投身新闻教育事业

全面抗战时期,新闻教育机构纷纷向大后方的重庆迁移。各高校经过努力,先后迁到陪都新址,除内迁的新闻系科,还创办了几个新闻教育机构,培养了众多新闻人才。自淞沪抗战以来,复旦大学新闻系内迁至重庆,在谢六逸先生的领导下开始重建。然而,在 1938 年 8 月,谢六逸先生辞去系主任的职务并返回家乡。同年 11 月,曾于复旦大学求学的程沧波接受了复旦大学校长吴南轩的邀请,兼任复旦大学新闻系主任,成为复旦大学新闻系的第二任系主任。据程沧波自述出任过程:“第二年(1938 年)夏天,我回国到重庆,复旦在北碚黄桷垭举行迁校后第一次毕业典礼。南轩先生

① 程沧波:《重诉生平》,萧继宗主编:《革命人物志》十三集,台北文物供应社 1975 年版,第 216 页。

② 董霖:《六十载从政讲学》,台湾商务印书馆 1991 年版,第 161—162 页。

请我演讲欧洲国际现势。嗣后并应聘兼任复旦新闻学系主任。"①事实上,程沧波可以选择国民党新闻教育或其他新闻院校,那为何投身于弱小的复旦新闻教育事业?

首先,程沧波与校长吴南轩私人关系最终促成这段教育历程。长期以来,程沧波和吴南轩保持着深厚的私人关系,因此他一直对吴南轩的教育事业给予大力支持。据程沧波晚年回忆,吴南轩"在朋友中真是老大哥,我插班转学到复旦大学,他当时还在美国。但在当时校中的传说,他是李校长(登辉)心目中的继承人……我们初次见面在南京中央饭店,追算起来,已在我留英归国之后。开始交往密切,在他接掌复旦大学之后……在重庆时,他每次进城住领事巷康家,与我隔室而居。因此与复旦师生接触特别密切"②。事先就存在私人关系,有助于外来者建立在熟识、机会、亲近之上的教育工作开展活动。

其次,念念不忘的母校情结。近代以来,私立复旦大学为解决发展需要,善于运用"同窗""母校"等社会关系保持教育传统的约束力。在这种传统影响下,"母校情结"成为许多毕业生挥之不去的精神力量。1929年,程沧波创办复旦同学会刊物,通过报道会务和校友消息为纽带,表达对母校念念不忘之情。如"我们现在也觉得从前尊师之心,应得分一部份到尊校之心,大家晓得尊各人的母校,离校后的行动,当然会想到那种行动与母校的关系,出学校把母校忘掉,这是东西伦理上所不容许的"。"我们母校的现状,谁也承认有扶助的必要的同学,同学自己没有团结,那里会生力量,那里能去扶助母校,我们这个小小的刊物,最要的宗旨,便

① 程沧波:《永忆吴南轩先生》,《吴南轩先生逝世周年祭纪念专辑》,1981年11月刊印,第11页。

② 程沧波:《永忆吴南轩先生》,《吴南轩先生逝世周年祭纪念专辑》,1981年11月刊印,第11页。

是为我们校增加些团结力。”①可见,这种对复旦大学的情结或多或少影响程沧波出任新闻系主任。

再次,抗战时期教育界人才荒现状而急欲改变的内在驱动。随着战争的进展,社会经济生活发生了剧烈变化,教育界的人才荒问题也随之而来。程沧波谈到问题原因,“十几年来,始终蕴藏着这一个悬案,近年抗战进入第三期时,社会的经济生活,随着抗战的进展,呈剧烈的变化,教育界的人才荒问题,乃愈趋严重。这个问题在今日之严重性与全面抗战前相较,不仅是程度有别,性质亦有别。全面抗战前教育界所恐慌的是超等人才之不易吸收,而今日的问题竟成平常人才亦无法招聘,举最浅显例,现在中学大学新的教师不易请,旧的教师更不易请”②。他目睹了教师人才荒症结所在,“不久以前有一位办学的朋友对我说,他教学目的之一,要使大学教授的薪俸至少与现任最高级官吏同等待遇。这句话是极低调,但是极中肯的话”③。因此,他呼吁加强对教育界的关注和支持,解决教育界人才匮乏的问题,提高教育质量,为国家的未来发展打下坚实的基础。

最后,他拥有丰富的从业经验,了解报业需要什么样的人才,这也是选择新闻教育事业的原因之一。在报刊业务及管理方面,程沧波积累了丰富经验,尤其文章独树一帜,被时人称誉。如“他的文章体裁有一点特点,便是大气磅礴的风概,凡是读他文章的人,都能有此辨别,这可算是他作文的秘决。虽然文章人人会写,各有巧妙不同,他的巧妙处是能抓住要点,尽量发挥,决不轻易放过。至于评论标题,他很讲究,强调必须要有吸引力,使读者看了标题,一定要看文章”④。另外,他比较了解报业需要什

---

① 程沧波:《发刊词》,《复旦同学会月刊》1929 年第 1 期。

② 程沧波:《教育界人才荒问题上》,《苏讯》1941 年第 24 期。

③ 程沧波:《新时代的新闻记者》,《中央日报》1940 年 4 月 1 日。

④ 钱易仲:《抗战时期中央日报四社长》,《报学杂志》1948 年第 1 卷第 3 期。

么样的人才，这为新闻教育发展提供方向。如“社评的记者最难培养，他不但应备具纯熟的文字技术，丰富的常识与基本社会主义社会科学知识，并且要明了报纸立场与政策，中央日报七年来的社评，我始终没有放松，而多半是自己动手。我进中央日报时，曾写信给南北同业先进，请他们介绍评论记者，但是他们都没法介绍，有一位前辈记者对我说，这类人物，只有自己培养训练”①。

1939年“五三”“五四”重庆大轰炸，致使原来迁到重庆菜园坝的复旦大学新闻系，重回北碚黄桷树。尽管北碚时期的复旦大学新闻系面临重重困难，但是其在课程设置、师资队伍、办学条件等方面均有所改善。1939年7月，程沧波写给复旦大学校长吴南轩的信，讲述了新闻系在北碚黄桷树的艰难办学条件。这封信内容大体如下：

> 新闻系学生已回黄桷树，关于饭食，过去事亦不必再由学校追讨。此次本系毕业学生已能多数得到职业，大半送至新闻检查局。复旦中学房子已租与四联总处。现在本报在国民公报前面租一屋，价月租180元。下半年新闻系或可转租此屋。容徐商之。黄若瑛女士前兄在领事巷晤见。自大轰炸后，伊邂居北泉。伊家中寄来用款，由弟转交，但无彼图章不能去取。而彼待用此款，左右思维，拟请兄派人即速送款200元至北温泉琴庐三号黄女士收。此款由弟个人负责归还。②

从信中可见，身为兼职主任的程沧波公务繁忙，却尽心尽力地服务于复旦大学新闻系，为学生落实工作、解决教舍及办学经费等问题。当时复

① 程沧波：《七年的经验》，程其恒等编：《记者经验谈》，桂林铭真出版社1943年版，第52页。

② 本刊编辑部：《复旦大学档案馆馆藏程沧波、赵敏恒档案五件的介绍》，《新闻大学》1999年第3期。

旦大学新闻系漂泊不定,办学资金缺乏,他不得不到处筹集款项,维持新闻系的生存。在任职期间,他"从延聘教授、租借校舍、落实毕业生工作、解决学生具体生活问题,到学生的饭食,无不为之奔波、操心"①。在一定程度上,他利用《中央日报》社长的地位与关系,为复旦新闻系广泛地延揽教育人才。如,《中央日报》总编辑刘光琰教《新闻编辑》课程、《新蜀报》总经理周钦岳讲《评论写作课》、被当时新闻界誉为"南北二胡"之一的胡健中教《报业管理》课程、曹享闻讲《中英文新闻写作》等课程、路透社中国分社社长赵敏恒教《采访学》课程等。蜚声中外的新闻记者赵敏恒在《采访十五年》中追溯到复旦新闻系任教过程时说,他"一向对新闻学校没多大好感","到重庆不久,复旦大学新闻系主任程沧波先生约我教英文新闻写作,由白象街到学校(菜园坝)相当远……到学校上课后,发现学生英文程度颇不整齐,最初打算只教一学期,想不到后来竟不但撒不了手,反对于一般新闻学校学生,发生极深厚的感情","在重庆几年和中央政治学校和复旦大学新闻班系学生的接触,是令我最感觉愉快的一件事"。② 可以说,程沧波广泛延揽新闻教育人才授课,促进了教学质量提高。赵敏恒认为:"上课方式,最好改作谈话方式,师生间可藉以发生私人感情,学生不仅得到学术的指导,还可得到教授人格精神的感化,学校课程不应完全注意学术,技术与学术课程应当并重。"③可以说,赵敏恒采取这种情感教学方式对学生全面发展是有利的,即使在当今也值得学习与推广。

1940年秋,程沧波离开中央日报社后,专职服务于复旦新闻系。从职业培养看,他重视学生的职业技能课程体系设置。1941年3月25日,他给商学院长李炳焕写信,汇报师资队伍聘任、课程设置情况。

---

① 本刊编辑部:《复旦大学档案馆馆藏程沧波、赵敏恒档案五件的介绍》,《新闻大学》1999年第3期。

② 赵敏恒:《采访十五年》,重庆天地出版社1944年版,第77页。

③ 赵敏恒:《采访十五年》,重庆天地出版社1944年版,第79页。

新闻系本学期教授需发聘书知下:

(一)赵敏恒采访学,每周二小时。已转寄路透社。

(二)余茂功英文时事问题,每周三小时。经济部商业司。

(三)王一之宣传学,每周二小时。小龙坝青年书店。

(四)刘光炎新闻编辑,三小时;中文新闻写作,三小时。化龙桥《中央日报》。

(五)季泽晋英文新闻写作,每周三小时。已转寄国际宣传处。

(六)报馆管理,与去年同一教授,二小时。马季廉。内赵敏恒不受薪。①

在这些师资队伍中,程沧波聘请的赵敏恒授课不但不收薪金,而且把其捐赠给学生设立奖学金。这不管是对战乱中的贫困学子还是流离失所的私立大学来说,确实是一个福音。赵敏恒致信复旦大学校长吴南轩,详细介绍了其设立的奖学金计划,其中特别强调了针对新闻系学生的补助措施。如下:

奖学金办法草案大体同意,仅有两点意见:(一)第九条可删去;(二)第十条"或领受他种助学金"可删去。且生活货金应不在内。奖学金200元数目不多,学生应可另请生活货金或他种奖学金。

该款请仍作奖助新闻学系优秀清寒同学之用。至于津贴该系学生车费一节,弟或可另有办法也。②

---

① 本刊编辑部:《复旦大学档案馆馆藏程沧波、赵敏恒档案五件的介绍》,《新闻大学》1999年第3期。

② 本刊编辑部:《复旦大学档案馆馆藏程沧波、赵敏恒档案五件的介绍》,《新闻大学》1999年第3期。

程沧波深知报人的工作环境恶劣不堪,身体健康状况差。他在主持复旦新闻系后,更加注重学生的未来职业和健康问题。正如他所说:“我近年对于记者健康问题,为什么比以前特别注意?这个动机不是自身健康发生了问题,还在新闻教育的立场上,从我担任复旦新闻系主任后,每到暑假寒假时,学生毕业要入新闻界去工作,谈到他们今后的生活,我当叮嘱他们注意身体,但是我心中有说不出的凄恻,找报馆工作,最初几个月终日昏昏然,看出太阳是黄的,空气是烟雾似的,到后来,非到下午三四时脑筋不会,积久之后,就算惯了。我不是在今日提倡享乐,一定主张记者的生活要如何安逸,我所主张的,新闻记者既为社会国家服务,至少应使他们也得着一个普通人类的寻常生活秩序,终年没有一天假期,书夜次序颠倒过来,新闻界纵然安之,社会上的教育界医学界也应该为之。”①程沧波作为一个新闻教育工作者以其经历关注学生就业后的职业和健康问题,在当时却是一个超前的新闻职业话题。

在程沧波主持下,重庆时期的复旦大学新闻系声誉蒸蒸日上,闻名全国,培养的人才日渐增多。1941 年报考复旦四百九十七人,录取一百三十八人。其中报考新闻系的三十二人,录取十五人。报考人数与在校学生人数,新闻系为复旦全校之冠。可以说,在全面抗战时期,程沧波领导的复旦大学新闻系以其在国内新闻教育方面的卓越表现,引起了世人的瞩目。

第三节　宣传与生存:党报企业化经营艰难

抗战时期,重庆国民党党办报纸“并未能完全达成党给予之任务”,“党办报纸,依赖党的津贴,奄无牛气”。② 关于这点,程沧波认为,“新闻

---

① 程沧波:《新闻记者的健康问题》,《中国新闻学年会年刊》,第 24 页。

② 王继先:《坚守与徘徊:新闻人马星野研究》,南京师范大学出版社 2018 年版,第 50 页。

界目前最需要的人物，是事业家，组织家；有了组织与事业，新闻纸与新闻记者才有方法完成其使命”①。事实上，程沧波作为国民党报业中一个颇有事业心的人，早就不满意党报事业发展现状。一是党报经费补助减少，维持办报生存艰难。如，“中央日报经费最多的时候（在我接办前）每月一万四千元，现在我们三个分社一个总社，四个单位，经费总数尚仅一万二千余元。负责的人，在这个时期，真要像伍子胥，一夜头发可以变白”②。二是党报体制的行政化问题。对于党报体制，程沧波谈到党报行政化问题的严重性，“中央日报在这许多性质以外还是一个行政机关，这样一个复杂性质的机关，要办理行法，真是不容易，我现在回想当时我接办这个机关，胆子真大，经过七年的经验，对报馆事业的繁重，加了更清楚的认识”③。

如何解决党报经营困难与发展的问题？程沧波认为先从报社体制改革着手，“编辑部要学术化，经理部要营业化”④，还要求报人“不仅要拿笔杆子，还要拿算盘，用器仪”等理念。他主张通过报纸企业化经营可以解决新闻事业发展困境。“惟在整个企业化之后，经费与组织的问题方始解决。就以报馆纸培养天才记者而言，不能企业化，养不住天才记者，也培养不出天才的记者。”⑤1940 年 4 月 1 日，程沧波在《中央日报》发表《新时代的新闻记者》一文，谈到中国新闻事业要发展成功，必须遵循报纸企业化经营的时代趋势，并指出：“报纸本身必使成功一个独立的生产的企业，然后报纸的各种机能才能充分发挥”⑥。他满怀信心地说：“我观

① 程沧波：《新时代的新闻记者》，《中央日报》1940 年 4 月 1 日。

② 程沧波：《七年的经验》，程其恒等编：《记者经验谈》，桂林铭真出版社 1943 年版，第 56 页。

③ 程沧波：《七年的经验》，程其恒等编：《记者经验谈》，桂林铭真出版社 1943 年版，第 48 页。

④ 钱易仲：《抗战时期中央日报四社长》，《报学杂志》1948 年第 1 卷第 3 期。

⑤ 程沧波：《新时代的新闻记者》，《中央日报》1940 年 4 月 1 日。

⑥ 程沧波：《新时代的新闻记者》，《中央日报》1940 年 4 月 1 日。

察中国的新闻事业，如果要希望新时代的报纸，负起新时代的使命，必须使新时代的报纸尽量企业化。报纸本身必使成功一个独立的生产的企业，然后报纸的各种机能才能充分发挥。”“新闻事业在将来必然发达，新闻事业在将来也必然企业化。都是固定的趋势。”①可以讲，程沧波认识到党报发展遇到瓶颈，将希望寄托于党报的企业化方向。这种报纸的企业化并非独立于国民党控制，改变其性质和任务，仍然是国民党的耳目喉舌。不管国民党报人有怎样的新闻事业抱负，但在一党专制的时代大潮下难以推动其党报的企业化工作顺利进行。

关于国民党部分人士提出报刊以政治宣传至上的原则，程沧波并不完全赞同，一直执着于党报企业化经营理念探索。1940年秋，程沧波离开中央日报社的原因，除报社沉疴积弊外，关键在于他与蒋介石等国民党上层人士见解相悖的党报企业化经营理念。学者曾昭抡佐证了程沧波不是因为个人腐化问题而离职的，“营私舞弊有年，且私生活极坏（如姘女职员及职员之妻等），但因善于做官，久不能换”②。事实上，以程沧波的长袖善舞尚且不能立足，继任社长何浩若只干了三个月，深知这份工作不好做，灰溜溜地去了物资局。他自嘲道：“物资局言之有物，行而无资。局长成了闲曹，但总比《中央日报》社长少些麻烦。”③尽管如此，这并没有阻止程沧波重回报界的冲动，尤其对报业企业化经营理念进行积极探索热情。抗日战争胜利前夕，程沧波与成舍我等人合作创设了“中国新闻公司”，以“提倡民主建设，独立经营新闻事业”为标榜，企图以此垄断中国新闻事业。该公司组织庞大，钱新之出任董事长，成舍我任总经理兼业务主任，陈训悆任协理兼总务主任，范争波任业务委员会主任委员，程

---

① 程沧波：《新时代的新闻记者》，《中央日报》1940年4月1日。

② 刘宜庆：《大师之大：西南联大风云记》，辽宁人民出版社2020年版，第180页。

③ 王抡楦：《抗战时期的中央日报》，《中华文史资料文库》第16辑，中国文史出版社1996年版，第410页。

沧波任言论委员会主任委员兼言论主任,赵敏恒任新闻主任,马星野任资料主任。1945 年 5 月 1 日,“中国新闻公司”投资出版发行的《世界日报》重庆版面世。可以说,这是程沧波真正进行报业企业化经营管理的一个重要实践。其实,程沧波有时候身不由己,既要对党报企业化经营进行探索,又要服从党化机构的宣传任务,这是值得我们关注的。

(一)企图淡化党报色彩,抨击新闻统制政策。自接手《中央日报》后,程沧波有意淡化国民党党报色彩,却不等于抛弃党性,只是向民营报纸学习宣传效果的一种手段而已。事实证明,《中央日报》长期充当国民党政府立场的“辩护者”角色,坚持党性其始终未变。“明白点说,中央日报的主张是站在‘党’的立场方面的。党的立场怎样,中央日报亦怎样。党的主张便是中央日报的主张;党所反对所抨击的事情也便是中央日报所反对所抨击的事情。因此,从读者方面来看,中央日报的主张和态度便是‘党’的主张和态度。”①长期来看,程沧波无法左右《中央日报》中的国民党态度,只能顺从其政党意志。作为一位学贯中西的知识分子,他对国民党当局新闻统制政策时有微词。程沧波曾在全面抗战前发表《一个初步的根本办法》社评,指责国民党的新闻政策和新闻检查制度的不合理。他说:“这几年来,报纸上告诉人民的,有多少关于国家安危的记载?这几年来,报纸上有没有把一件件严重的关系国家安危的事件,原原本本详细告诉过国民?再进一步讲,现在所谓华北的局面,究竟是什么一个葫芦?政府的应付是另一个问题,然而葫芦里是什么东西,总应该给人民充分知道。”②他直指党报问题所在:“这是不合理的新闻政策,及不合理的新闻检查制度所造成……这个政策与制度,把我们国家民族的一切生机都斩完了。”③当然这种思想流露,在抗战时期的重庆尤为明显,最终导致

① 黎世芬:《中央日报》,《中外月刊》1936 年 6 月 1 卷 7 期。
② 程沧波:《一个初步的根本办法》,《中央日报》1935 年 11 月 28 日。
③ 程沧波:《一个初步的根本办法》,《中央日报》1935 年 11 月 28 日。

程沧波政治悲剧的出现。

（二）激励国人的战时精神动员。中国的抗日战争是一场旷日持久的总体战，处于弱国地位的中国必须动员全国人力、物力、财力、智力投入战争，方能坚持下去，争取胜利。动员民众的第一步是进行战时宣传，其重要性不言而喻。在程沧波看来，反侵略战争动员是一种爱国抗战的认同，说："我希望大家在民族至上、国家至上的原则下，为三民主义之实现共同努力，以期抗战必胜，建国必成。"①他对"民族至上、国家至上"原则代表的国民党精神总动员运动给予充分阐释，激励国人抗战。"共同目标是精神动员运动中最重要的基干，没有健全的目标，那种运动是无目的之动，是盲动，是乱动。现在目标既然确立了，各人信仰这个运动，就应该发挥良知良能，去解释，去实预这个目标。对目标的基要工作在'知'，求精神动员令的实效在'行'。许多人'知'不清楚，也就没有诚意去行。凡对于共同目标，故作歪曲的解释，不诚意的揣测，都足打击精神动员运动，我们应该运用全副精神力量去扫荡廓清的。"②"我拿重庆一个新闻记者资格要向香港的同业表示慰藉，我们在努力报国之余，还应努力为本身事业的努力，中国报界在抗战以后，也将到最光明的时期了。"③

（三）提高报人待遇，维护其权益。在重庆，国民党政府的腐败无能日益显露，通货膨胀问题严重，工薪阶层的人们普遍面临营养不良的困境。同时，由于国民党党报的补助经费减少，许多报人不得不面对生活上的困难。程沧波指出报人待遇问题，"报馆用人有一个大难处，就是薪水过薄，养不住人，有能力的人，一个时期可以苦干，然而待遇过薄，终究不

① 蔡铭泽：《中国国民党党报历史研究（1927—1949）》，团结出版社 1998 年版，第 231 页。

② 程沧波：《共同目标的正确认识》，《中央周刊》1939 年第 1 卷第 39/40 期。

③ 程沧波：《香港回望重庆》，《战时记者》1940 年第 2 卷第 9 期。

能长期维系人心”①。可以说，报人生存问题始终是重庆新闻界的一个大问题。因此，程沧波对教授、新闻记者等文化知识分子生活状况的不满，呼吁社会和相关方面采取行动来改善这种状况。

> 社会普通恭维教授、新闻记者，有一个口头禅，便是“你们清苦”。这句话充分表现我们社会的落后。社会中能容许这种事实的继续存在与这种语调的流行，是社会一个耻辱社会中高等文化知识分子是不应该清苦的，社会不应让这许多人清苦，文化知识分子不应自甘于清苦。为什么教授、新闻记者，不能得着人生应有的高尚物质生活？为什么高尚物质生活，只能让官与商或半官半商的人去专有？……一个社会中，若尽使官与商或半官半商的人肥头大耳去发达滋长，这个社会就是落伍。文化界生活标准的提高，是社会的责任，也是文化界的责任。②

关于报人清贫问题，程沧波指出：“现在仍想在万分困难中，厘订职工生活保障办法。如职工保险，年终奖励，退职金及常年例假等，都想逐一实行。”③对报人待遇标准，他直接提出新闻从业人员要向实业界人员待遇看齐，并说：“新闻界待遇的标准，还不应照官吏为标的，应该以实业界为标准。新闻界从业员的待遇享用应该与实业金融界有同样的水准。这就要靠报纸的企业化，新闻事业的企业化，要靠报界自身多产生组织的人才、业务的人才。同时社会中间才能之士，要变换目光去看待新闻事业，要看新闻事业不定是赔累的事业，而且是势与利兼具的事业。”④程沧波强调了

① 程沧波：《七年的经验》，载程其恒等编：《记者经验谈》，桂林铭真出版社 1943 年版，第 57 页。

② 程沧波：《精神建设与社会制度》，《中央日报》1935 年 12 月 1 日。

③ 程沧波：《七年的经验》，载程其恒等编：《记者经验谈》，桂林铭真出版社 1943 年版，第 58 页。

④ 蔡铭泽：《中国国民党党报历史研究（1927—1949）》，团结出版社 1998 年版，第 258 页。

报纸和新闻事业的企业化对于推动其良性发展的重要性，并提出通过提高待遇水平和改善行业环境来吸引更多有才能的人才投身于新闻事业。

小　结

在国民党党报体系中，程沧波从事新闻工作以来，他的心情十分复杂。他时而渴望有所作为，但又常常感到无从下手；得意时却少有满足之感，失意时则倍感失落。他在政治舞台上摇摆不定，经历了种种挫折和无聊的时刻。在重庆期间，他主张摆脱国民党党报经营困境，提高新闻记者待遇，推动党报企业化经营管理，却与国民党上层意志相背离，不得不在理想与现实中寻找妥协。但是，这种妥协又让他难以实现内心中的新闻理想。诚如他所谈到中央日报职工薪费用由国民党中央党部造册领取，自由只能做到问心无愧，“现在可以说，用心要做好一件事，只要没有半点私心，终是能成功的”①。可以说，兼具国民党报人与官员双重身份的程沧波毕竟是一个书生，缺少官员具有的政治手段，在当时的时代背景下如此为新闻事业、新闻信仰而奋斗，其在抗战时期新闻生涯中的表现可谓瑕不掩瑜，亦无愧于“报人”的称号。

---

①　程沧波：《七年的经验》，载程其恒等编：《记者经验谈》，桂林铭真出版社 1943 年版，第 50 页。

第五章　酝酿中国的惊雷：美国记者白修德的大后方报道

没有理由不相信美国记者白修德具有浓厚的中国情结。就是在中国这块土地上，他开始了自己的事业，经过或无聊或压抑或疑惑或愤怒或刺激的多变的生活，从一位默默无闻的小记者变成世界级的大记者、颇有争议的政治问题撰稿人。

在这里，他亲眼目睹了许多重大的历史性事件，以自己独特的眼光看待中国问题，采写了数量众多、影响巨大的中国报道。

——张建安：《白修德：一位美国记者的中国情结》

外国记者在近代中国的活动经历了一个漫长的历史时期，其发端可追溯到19世纪中叶前后传教士的来华办报，他们在沿海通商城市出版各类中外文报刊的活动，可视为中国报道的拓荒之举。随着中国大地上战事频仍，一些外国记者和历次战争中的随行记者先后登上中国"舞台"。他们的职业注定与冒险联系在一样，总是用鹰一般的眼睛注视中国，用猎犬般的嗅觉感应着这片动荡土地上发生的一切。20世纪三四十年代的中国抗日战争吸引和成就了众多的在华记者，达到了近代历史的最高点。美国记者索尔兹伯里认为，当时有"十多个第一流的美国记者逐日地报道中国战况”①。故而,还原抗战时期外国记者驻渝的具体个人实践以及他们之间的互动和沟通便成为探讨上述问题的基础。美国记者白修德成为全面抗战时期重庆外国记者群体中的典型代表,这是不可复制的。“由于在重庆特殊的地位以及自由主义思想者的本能”②,使白修德经历抗战时期各种事件,酝酿中国的惊雷,成为见证这一非凡历史阶段中杂色纷呈的西方著名记者。

第一节 赶赴抗战时期重庆探索新闻真谛

白修德的记者生涯是从重庆开始的,撰写大量关于中国的报道和评论,在国内外产生了重要影响。这位第二次世界大战时期美国驻华记者的代表人物之一对中国这个东方国家充满兴趣,报道中国人民保卫家园、抗击侵略者的斗争情况。他的报道和作品使世界对中国抗战更加了解,也为世界带去了中国抗战进程的每一条讯息。

在赶赴重庆之前,白修德早已对中国这个东方国家充满兴趣。1915年5月,他出生在美国波士顿一个犹太人家庭,“他的父亲又以社会主义者自居,对中国之革命抱有期望。如此之背景对白修德以后之出处深有影响”③。在哈佛大学期间,白修德有幸成为著名汉学家费正清的入门弟子。在费正清的引导下,他开始尝试从政治角度看待中国。除了师徒关系,他们还成为一生的挚友。1938年,白修德以卓越的成绩从哈佛大学毕

① 方明:《抵抗的中国:外国记者亲历的中国抗战》,团结出版社2017年版,第105页。

② 张功臣:《外国记者与近代中国(1840—1949)》,新华出版社1999年版,第280页。

③ [美]黄仁宇:《地北天南叙古今》,九州出版社2011年版,第183页。

业。从时间看,白修德比一般西方记者到中国报道中国抗战状况要早。①1939年4月10日,他带着费正清的推荐信踏上中国土地,来到了"陪都"重庆。他对初到重庆时的情景依然记忆犹新:

古老的重庆的城墙就高耸于这堵悬崖之上……舆夫把我抬过凿在崖壁里的几百级石阶,我摇摇晃晃地坐在滑竿上,滑竿是由两根竹竿和其间绷着的竹板构成的。一前一后的舆夫都套在竹竿上。这是我第一次看见人们像负重的牲口那样被人役使。我至今还记得前面的舆夫汗流浃背地抬着滑竿向上攀登,赤裸的肩上隆起两大片厚得像皮革一样的老茧。"阿—哟—起啦,阿—哟—起啦"他每跨一步都这样喊着号子,而后面的舆夫满珊地登上一级台阶时,也同样"阿—哟—起啦,阿—哟—起啦"地唱和着。②

白修德笔下的重庆空中与地面均依山而立,这在《探索历史》书中留下了可贵的记载。尤其是重庆老城给他留下了深刻的历史印象,从城市地理位置、城墙与城市建设规划均做了由线到点的描绘:

这座城市楔入嘉陵江和长江的悬崖峭壁之间,那两条江就在这块楔形地的尖端处汇合。城墙是在五百多年前的明朝建立的,它有九个城门。大部分城墙在我到达的几年前已被拆毁,用作建筑材料;但是九个城门仍保留着,而且人们还使用着其中的一个。门扉上饰有金色的圆形大头钉,它在日落时关闭,黎明时开启……沿着南边城

① 方明:《抵抗的中国——外国记者亲历的中国抗战》,团结出版社2017年版,第107页。

② [美]白修德:《探索历史——白修德笔下的中国抗日战争》,马清槐、方生译,生活·读书·新知三联书店1987年版,第1页。

墙的“新”汽车路，是在我到达的那一年修筑的。从数量上说，滑竿和舆夫要比人力车和车夫超出两千到三千之多。①

白修德在回忆中提到重庆，城市并没有因日寇变成一片废墟，“在被日本人轰炸的一家旅店住了第一夜，然后又搬到巴县中学的一个旅馆去住。在后来的六年中，这里便成了我的家。这里的风俗习惯和名胜古迹使我着了迷：旧城墙、门外的货郎、大街上不停叫卖的商贩，倒马桶的人……”②

当记者群体的成员被派到国外时，他们主要围绕新闻采集这一职业需求来建立当地关系。③ 白修德作为一名外国记者，也尝试着建立当地关系。他对于重庆日常生活和焦点时刻处处充满着新闻的好奇之心，多着墨于描述抗战中重庆的城市状况，既有城市建筑物，还有西迁人员带来的文化差异。在《中国的惊雷》中，他将注意力转向建筑背后的重庆城市文化生态。他描述了新的建筑物像菌子一样散布开来，利用各种资源建造房屋，例如，用竹子当成梁柱，用竹条绑住梁柱，把竹子劈开编成墙壁等。他还描述了新店铺和新招牌的涌现，各种饭馆也各具特色，满足不同口味的需求。在这个多元化的环境中，各种方言混合在一起形成一种独特的语言风格。“外国人以不入腔的中国国语问路，很可能问到一个广东人，他的国语甚至比外国人更不行。政府机关的官员发现，和有些同事笔谈要比口谈方便，四川的听差很难懂得他们所说的话。”④这些描述反

① ［美］白修德、贾安娜：《中国的惊雷》，端纳译，生活·读书·新知三联书店 1988 年版，第 2 页。

② ［美］白修德：《重庆观感》，《纽约时报》1985 年 2 月 10 日。

③ 钱进：《作为流动的职业共同体：驻华外国记者研究》，上海交通大学出版社 2015 年版，第 17 页。

④ ［美］白修德、贾安娜：《中国的惊雷》，端纳译，生活·读书·新知三联书店 1988 年版，第 7 页。

映了当时中国社会的复杂性和多元性,同时也展现了人们对国家的忠诚。虽然条件艰苦,但是人们的努力和付出成就了新的城市文化生态。

报人对城市描述更多体现在细节的观察与书写。如“重庆沸腾了,涨大了,它溢出城墙,到达市郊以外,吞没了稻田和荒野。政府给街道定下新的名字——民国路,民生路,中一中二中三路等——所有这些好听的名字,出现在官方文件和请客帖子上。但黄包车夫不知道这些名字,你接到一个请客帖子时,立刻就得译成旧的地名,使黄包车夫能够明白你是要到观音岩,七星岗呢,还是陕西街,白象街口”①。可见,白修德很快进入在华记者的角色中,融入当地的工作和生活语境。

在《探索历史》中,白修德怀着敬佩之情更深入地写到了那些为坚持抗战而来到重庆的人们:“这个逃难政府属下的几千名文职官员给予我的第一个印象是他们的英勇气概。他们中间的任何人本来可以像其他成千上万的人那样,留在被占领的沿海地区,奴颜婢膝地屈从于战胜的日本人的颐指气使。可是他们不愿这样做。他们宁可忍受重庆的酷暑和高温,忍受在既潮浸又无取暖设备的屋子里度过寒冬;他们宁愿眼睁睁地看着孩子们生病,甚至因病夭折,但他们不肯屈服。”“不仅政府官员选择了抗战的道路。在重庆周围九英里以外的几所临时大学避难的几千名大学生及教授也是如此。沿海地区的许多小商人也不例外,他们来到这里不是为了发财,而纯粹是出于一种民族自豪感,出于一种始终要作为中国人的坚强意志。”②事实证明,重庆大轰炸不仅没有使民众屈服,反而大大激发了他们的民族意识和爱国热情。

白修德遇上了1939年的“五三”“五四”重庆大轰炸。大轰炸后,他

① [美]白修德、贾安娜:《中国的惊雷》,端纳译,生活·读书·新知三联书店1988年版,第7页。

② [美]白修德:《探索历史——白修德笔下的中国抗日战争》,马清槐、方生译,生活·读书·新知三联书店1987年版,第8页。

往城里寄住的公谊会所走去,沿途看到一片惨不忍睹的景象,“电线已被炸断;大街上的自来水总管道也被炸毁。没有一丝灯光,四下里所见只是一片火光,也没有水去扑灭大火,火势到处蔓延,城内的小巷都被吞噬在火焰中。当火焰烧着竹材的时候,竹节噼啪作响。其时人声嘈杂,妇女在痛哭流涕,男子在高声喊叫,婴儿在呱呱啼哭。一些人坐在地上前后摇晃,单调地诉说着自己的不幸遭遇。我还能听到小巷深处的尖叫声。有几次我看见人们衣服着了火,从巷子的坡道上冲进大街,在地上来回翻滚,想扑灭身上的火焰”①。显然,抗战时期重庆潮湿的气候和恶劣的轰炸环境对报人们的健康安全极为不利。白修德在寄给友人的信件中表示:“我正在打算近期离开重庆。重庆是一个只适合短期居留之地,否则将对身体和神经都非常糟糕。”②

白修德被国民党当局聘任为国际宣传处顾问,兼“中国新闻委员会”新闻专栏部主任。他很清楚这些职位的意义,“实际上我被雇去左右美国舆论。美国对抗日之支持,是这政府生存的一线希望。操纵美国新闻界至为重要。所以用说谎和欺骗,用任何方法去传说美国,中美合作共同抵制日本乃是前途之希望”③。在扑朔迷离、纷繁复杂的局势中,他无任何实际工作经验,被降级为一个普通记者,开始撰写新闻特写。此时,美国《时代》周刊创始人卢斯对中国事态充满兴趣。作为打造美国化中国的鼓吹者,“在其使命中与中国有关的部分,卢斯继承父辈的遗志,在别人止步的地方肩负起自己的使命”④,决定了《时代》周刊高度关注中国

① [美]白修德:《探索历史——白修德笔下的中国抗日战争》,马清槐、方生译,生活·读书·新知三联书店 1987 年版,第 21 页。

② 张瑾:《陪都岁月:重庆时期的宋美龄研究》,东方出版社 2018 年版,第 434 页。

③ [美]黄仁宇:《地北天南叙古今》,生活·读书·新知三联书店 2015 年版,第 272 页。

④ [美]T.克里斯托弗·杰斯普森:《美国的中国形象(1931—1949)》,姜智芹译,江苏人民出版社 2010 年版,第 15 页。

风格。1939年5月,卢斯请约翰·赫西替《时代》周刊物色撰稿人,报道中国的抗战。两位美国记者推荐白修德能胜任这职位,如"白修德衣着普通,不好打扮,朋友如云,无事不晓……他身上涌现着无限的活力,整日忙碌奔波。两倍于他年龄的记者们都要找他核对采访事实"①。赫西认为白修德是天生的记者,邀请为《时代》周刊撰写有深度、有背景的报道。1939年9月,白修德获得国际宣传处的许可,拿着签发的通行证,赶往前线采访。他从前线发出的稿件不仅被《时代》周刊高价采用,而且聘为该刊驻华特派记者。

国际宣传处工作使白修德享有别人无法比拟的优越条件,他可以使邮件很容易地躲过战时新闻检查,从而将一些真实信息源源不断地输往美国。他跟赫西的通信中,活灵活现地描述国民政府财政部部长孔祥熙形象:"那个肥胖、双下巴、大腹便便的老头,所谓孔夫子的后裔。"②正是追求真实的个性,使他成了一个不受国民党当局欢迎的人。白修德辞去宣传部职位,决定拓宽关于中国抗战报道的视野。白修德亲赴山西抗日前线,采访国共两党士兵,目睹了活跃在敌后的共产党军队游击战,写出了大量的第一手材料。他发往美国的材料生动而翔实,受到老板卢斯的高度重视,很快声名大噪。

随着中国抗战地位日益重要,重庆吸引不少重要国际传媒人士前来访问。1941年,卢斯访问重庆,受到国民政府及白修德的隆重接待。在访问期间,白修德的出色接待征服了卢斯。"在他离开重庆的前两天,他找到了我用他那高傲的、结结巴巴的语调问我能否收拾一下行装,准备进行一次48小时的旅行……他已决定要任命我任《时代》的远东编辑。"于是,白修德作为《时代》杂志中国通讯员,影响美国政府及人民的舆论宣

---

① [美]戴维·哈伯斯塔姆:《媒介与权势》,尹向泽等译,国际文化出版公司2006年版,第60页。

② 张建安:《文化人的"死"与"生"》,商务印书馆2014年版,第199页。

传,“激起了美国人民对中国人民抗日斗争的广泛关注与同情”①。由于卢斯“美化中国”的报道策略与白修德对中国前途方面的关注产生了直接分歧,所以“卢斯不可遏制地干预有关中国的报道,以保证从正面来塑造他挚爱的中国”②,导致白修德的文章一直不能录用。1944 年,白修德写了一篇关于史迪威将军的文章与《时代》周刊推崇蒋介石的立场相左,使他萌生去意。③ 正是基于这样的认识与判断,白修德关于中国前途的报道坚持自己的观点和立场,影响了美国对华关系。时任美国驻华大使赫尔利认为:“像怀特(白修德)这样的记者,是成功推行美国对外政策的障碍,他们那些不利于国民党的评论,将危及美国政府支持蒋介石政府的政策。”④长期以来,美国记者秉持为在华利益增长和对外政策扩张的“摇旗呐喊”理念。如果他们对在华利益报道不符合其国家意志,就很难取得同行及其政要的支持。

第二节 “中原大饥荒”采访报道及其对国民党政权失望

有学者说:“报刊的内部限制既是历史的又是无形的、它取决于报刊四周的政治、文化氛围。”⑤这种外在氛围压制了白修德的新闻工作开展。珍珠港事件后,白修德离开了《时代》总部编写新闻稿的案头工作,重新

---

① 罗宣:《在梦想与现实之间——鲁斯与中国》,人民出版社 2005 年版,第 194 页。

② [美]T.克里斯托弗·杰斯普森:《美国的中国形象(1931—1949)》,姜智芹译,江苏人民出版社 2010 年版,第 41 页。

③ 王成志:《北美藏中国抗日战争历史档案文献提要》,复旦大学出版社 2017 年版,第 288 页。

④ 任文主编:《国际友人在延安》,陕西师范大学出版总社有限公司 2014 年版,第 225 页。

⑤ [美]阿特休尔:《权力的媒介——新闻媒介在人类事务中的作用》,黄煜、裘志康译,华夏出版社 1989 年版,第 107 页。

返回重庆，以《时代》中国战地记者身份对抗战时期的中国进行观察和报道。尽管在华记者获取消息上存在限制性，但是他们可以利用特殊性取得突破。白修德作为《时代》周刊驻重庆代表，往往被视为与驻外使馆人员有着相似身份的使节，常常受到外交官等名流的邀请，出入于上流社会。有着这样的身份，再加上白修德本人的素质——出色的口才，敏捷的思维，勃勃的生机，燃烧的热情，他很快成为一些重要人物的座上客，与外交官克尔爵士、史迪威将军、陈纳德将军、麦克阿瑟将军等建立了友好关系，有利于一种小范围的、紧密而具有持续性的人际关系网络形成，这对于"中原大饥荒"采访报道起了重要作用。

（一）善于利用社交场合观察与收集新闻信息。在重庆期间，不少外国记者依靠一个精心建立起来的人际关系网来构建和施展自己的影响。在1942年10月之前，白修德通过一些传闻和片言只语，发现了河南发生饥荒的新闻线索。他从坊间、国民政府举办的高级酒会以及外国记者的聚会上，收集到了一些零碎的信息。如，"我听见一个河南来的人说……""我看到一封洛阳来的信……""在西安，他们说……"①这正好给善于捕捉新闻信息的白修德提供了一个时机。

白修德用他作为新闻记者的敏锐洞察力，向重庆国民政府的人员寻求证实。然而，这些传言无疑都没有得到证实。白修德有着广泛的社交关系，他从美国驻华大使馆那里得到了一封来自洛阳和郑州的传教士的信件。他借助这封信件的内容，撰写了一篇名为《十万火急大逃亡》的文章，并紧急将其发送回美国《时代》杂志的总部。可以说，白修德的报道经过了国民党当局的新闻审查，因为在文章中他没有直接批评当局在救灾方面的努力不足，而是巧妙地引用了两位外国传教士关于河南灾情的所见所闻。

---

① ［美］白修德、贾安娜：《中国的惊雷》，端纳译，新华出版社1988年版，第185页。

传教士阿西克拉夫特 9 月份在郑州写道，“教堂前，有六个小孩被他们的父母绑在树上，为了让这些孩子在大人要饭时不要跟随着造成拖累”。

天主教传教士保尔·于斌上周从重灾区返回重庆。在洛阳，他看到成捆的树叶被卖给饥民当食物，一块钱一捆。一个农民把一家人召集在一起，让大家吃上一顿饱饭，然后告诉他们，刚才吃过的饭里已经下了毒药。①

关于这场灾情，白修德采取重庆国民政府提供一些货币数字救灾措施，具体效果如何没有做评价。由于没有亲临现场采访，他也难以对救灾措施做出准确结论，“不管重庆的决策有多么迅速，所有的救济措施都因古老中国乡下的迟缓效率而备受阻碍”②。显然，这篇报道并没有引起公众的关注，很快被同时发生的众多国际大事所掩盖了。

由于国民党当局严密的新闻封锁，绝大多数国内媒体不敢对河南灾荒进行详细客观的报道。事实上，中国记者并没有缺席这场灾情的报道。1942 年 12 月，张高峰作为《大公报》的记者，深入河南进行实地采访，揭露了这场灾难的真相。“他从四川途经西安时，就看到成千上万的河南难民往陕西涌。洛阳城街头到处都是骨瘦如柴的乞丐。更让张高峰恼怒的是，灾情如此严重，县政府还逼着农民纳粮，交不出粮就抓到县政府痛打，还逼灾民去卖地抵租。”③最终，国民党当局以“攻击救灾弱点和战时限价政策”为由勒令报道河南灾荒的《大公报》停刊三天。这次处罚事件直接触动了白修德前往中原灾区采访的决心，他想亲自一探究竟。

---

① 苏立等：《新闻采访学》，中国传媒大学出版社 2015 年版，第 105 页。

② 苏立等：《新闻采访学》，中国传媒大学出版社 2015 年版，第 105 页。

③ 苏立等：《新闻采访学》，中国传媒大学出版社 2015 年版，第 105 页。

(二)重视采访合作与准确判断信息价值。新闻界流行一句话,“新闻是七分跑,三分写”①。对于记者而言,他们更加相信自己的实地观察,为了证实所听到的信息,驻渝的外国记者已经超越了不同组织之间的界限,展开了密切的合作。1943年2月底,白修德与《泰晤士报》的摄影记者哈里森·福尔曼一起前往河南灾区进行采访,旨在了解该事件的最新动态。在采访现场,白修德凭借其新闻敏感度,捕捉到了有价值的新闻素材,充分展现了他对中国社会底层人们的深切同情。择取一段现场描写:

灾荒的迅速和死亡使我们迷惑。一个人在一条小街上推着小车子,车上载了一个无力的人。这衰弱的体,穿着蓝色的破衣,裸露的脚上都是疮;这体颜动着,好象是活的,但轻微地动荡着的头,只不过反应路上的崎岖。他是死了。另外一些人躺在沟里,我们把一两个人摇一摇,看他们是否确已死掉,其中有一个人微微动了一动,我们把一张大票子放在他的手中。他麻木的手指握着这票子,但这只不过是一个反射动作,他的手指慢慢的张开了,票子在他的摊开的手掌上抖动。另外一个人躺在那里呻吟,我们摇动他,想办法使他起来。于是我们求旁边一个女人帮助,要她一起把这个人搬到难民所去,这女人衣衫褴褛,紧抱着一个婴孩。我们为加强请求计,给她一张票子,当她伸手的时候,孩子跌下来跌在雪里,而且很可怜地哭泣了。②

① 张航:《浅谈电视采访的技巧》,王晓春、窦维鹏主编:《大众媒介理论研究与探索》,南海出版公司2006年版,第1077页。

② [美]白修德、贾安娜:《中国的惊雷》,端纳译,新华出版社1988年版,第190页。

河南灾民在饥饿中无助地死去。(福尔曼拍摄于 1943 年的河南)

灾民正把树皮扒下来,以磨成粉充饥。(福尔曼拍摄于 1943 年的河南)

从新闻叙事的角度看,白修德往往运用动作、服饰、肖像、比喻、拟人及环境等多种手法来增强描述的感染力和深度,通过展示灾荒和死亡的残酷现实以及难民的困境和人性冷漠,使读者能够更加深入地了解这些现实问题。

面对这种情况,白修德凭借对蒋介石及其政权的了解,判断出河南灾情已到了不可收拾的地步,军队、地方官员腐败是酿成这场大饥荒的始作俑者。

> 收税时实际上的野蛮和侮辱是伤心惨目的,但和收税同时进行的贪污更坏。征收谷物的军官和当地官员认为抽税是他们薪水的补贴,是种抢劫的特权。每个月在税款分配之后,高级军官们就把多余的谷物分了,送到市场上出售,得款饱入私囊。这种不法抽得的谷物,实际上是到达市场谷物的唯一来源,而控制谷物的囤积居奇者,把价格抬得天样高。①

历史是一把标准的尺子,如果没有国民党当局横征暴敛,就不会有那场大饥荒。关于这点,白修德明确指出国民党当局救灾不力,“如果政府采取行动的话,则不至于有这么多的人死于饥馑,这种死亡是人为的”,“中国‘政府’在听任这些人死去,或者说是无意中把他们活活饿死。这个政府正在同日本打仗,为了战争,它横征暴敛。可是,它又不信任自己的货币,战场上的军队奉命可以征收粮食和实物来维持给养。军队在河南干的勾当就是大量征收军粮,数额超过了土地的产量。他们弄光了农村的粮食;他们又不从有余粮的地区运进粮食来;他们根本不顾老百姓的死活”。② 对灾民来讲,人祸比天灾更可怕。白修德等目睹了郑州人民承受严重的灾情,“战前郑州有十二万人,这时已减到大约三万多一点。统计数字表明:每天有一百五十至一百八十人死去。幸存者衣衫褴褛,像稻草人那样骨瘦如柴,焦灼不安地在街上走着,他们唉声叹气,嚎啕大哭,或者默不作声地踉跄而过。要辨明活人和死人是不很容易的”③。

(三)深入挖掘灾荒事件处置过程中的采访细节,及时作出专业分

---

① [美]白修德:《探索历史——白修德笔下的中国抗日战争》,马清槐、方生译,生活·读书·新知三联书店 1987 年版,第 196 页。

② [美]白修德:《探索历史——白修德笔下的中国抗日战争》,马清槐、方生译,生活·读书·新知三联书店 1987 年版,第 115 页。

③ [美]白修德:《探索历史——白修德笔下的中国抗日战争》,马清槐、方生译,生活·读书·新知三联书店 1987 年版,第 114 页。

析、权威报道。尽管国民党当局的救灾工作似乎处于一种“无政府状态”,但白修德和福尔曼在每次采访中,都受到了地方官员的热情招待和安排。同时,他们也有机会在政府部门了解到一些关于当地真实灾情的信息。与地方官员交往过程中,白修德再一次深刻地感受到了国民党内部派系林立、各自为政的深刻矛盾。白修德的观察细腻,感受到政府官员不负责任以及他们与哀鸿遍野的灾情极不相称的优越生活。他把国民党当局的救灾工作定义为“无政府状态”。因此,他在《等待收成》中精选了“那些吃饭的人”的采访细节,升华新闻主题,取得了这次河南采访“放大”新闻价值的效果。对于记者来讲,注重采访细节,有助于从细节中“放大”新闻价值。虽然通篇没有表现出任何评论性的语句,但是笔端经常携带着反感、厌恶的态度。如“我们离开郑州之前,官员设宴招待我们。我们有两个汤,我们吃了辣藕片、胡椒鸡、荸荠炒牛肉,吃了春卷、热的蒸馍、米饭、豆腐、鸡和鱼,我们还吃了三个糖霜饼”①。这些细节描述暗含白修德的报道倾向,揭示出更深层次的新闻主题意义。

那篇震惊世界的《等待收成》发出后,引起西方舆论哗然,导致美国对蒋介石夫妇的态度急转直下。此时,宋美龄在美国四处游说,争取更多的贷款,要求《时代》周刊发行人卢斯解雇白修德,遭到拒绝。当然,白修德被重庆当局列为不受欢迎的人,“我的上帝,我还来不及反应,全城就把我视为敌人”②。尽管如此,他作为一名记者真实正直的心灵被激发起来,经过努力迫使蒋介石政权对河南做了一些补救措施,使灾情得到缓解。

通过这次河南灾情报道,不少驻渝外国人士基本上对蒋介石的国民党政权彻底失望了。正如美国将军史迪威所说的那样,蒋介石“不仅对

---

① 苏立等:《新闻采访学》,中国传媒大学出版社 2015 年版,第 105 页。

② [美]乔伊斯·霍夫曼:《新闻与幻象——白修德传》,胡友珍、马碧英译,新华出版社 2001 年版,第 73 页。

我们毫无用处，而且对他的老百姓也毫无用处”①。费正清在笔记中写道：“对现政权，已不能抱多大希望，因为它既不相信群众，也不积极帮助群众。如果说，它还能在民众的可悲灾祸与苦难之中维持摇摇欲坠的脚步，那只是因为敢于对它动手的人太少。”②白修德特别强调对蒋介石的个人印象转变：“在他的头脑里……起支配作用的是猪狗不如的背信弃义，军阀式的凶狠残暴，以及对于治理一个现代国家那种不可言喻的愚昧无知……我初到中国时还认为他是个民族英雄，后来，我的见闻日广，一系列的事件使这个英雄在我的心目中变成了一个讨厌的人物，然后成了个混蛋。”③这段话直接揭示出了白修德对蒋介石及其政权的态度发生转变。

随着对中国社会的深入考察与思考，白修德的职业价值理念受到冲击，其中的艰辛亦非常人所能想象。他不仅要忍受重庆阴冷、厚重的天气，在大轰炸中躲进憋闷的防空洞，而且令其难以忍受的是国民党当局的严密新闻封锁及其政府暴露的腐败无能。1941 年 1 月 11 日，他写信向费正清诉说这种内心痛苦：“人越在这里呆下去，就变得越狼狈。在这里要经过三个阶段。第一阶段，你所看到的到处都是肮脏和污秽；第二阶段，你得接受这些肮脏和污秽，因为你看到善良勇敢的人们，在克服一切困难为这个国家而奋斗；第三阶段，在这些善良和勇敢背后，你看到的是腐败、贪污、阴谋、管理荒唐、怯懦、官员的贪婪。于是，人便不得不开始怀疑，怀疑之后便是挫折。我认为我比这座城市里的任何人更为了解这个国家的现状，但是了解却派不上用场。我们不能说出我们今天所了解的真相，因为这会伤害我们正在努力帮助的一个民族；而等到了明天，人们却又不会再对我们必须说出的一切有任何兴趣；不管如何，希望这不是真的。”④面对现实生

① Thedore H. White, *In Search of Histroy: A Personal Adventure*, p.156.

② ［美］费正清：《中国之行》，新华出版社 1988 年版，第 184 页。

③ Thedore H. White, *In Search of Histroy: A Personal Adventure*, p.159.

④ 张建安：《文化人的“死”与“生”》，商务印书馆 2014 年版，第 200 页。

活的沉闷和灰色，白修德作为一名记者“不能说出真相，因为这会伤害我们正在努力帮助的一个民族”，而感受到与其新闻信仰冲突的苦闷。

抗战胜利前夕，外国人士对于重庆新闻报道日益真实，尤其国民党党内腐败、派系倾轧、因循苟且、经济凋敝及民怨沸腾乱象呈现在世人面前。“在战争将近结束时，重庆变成了一个毫无忌惮的悲观厌世的城，骨髓里都是依法腐化的。可是早期的重庆，在轰炸之中的重庆，外国记者都把它写成比神话还奇妙的东西，告诉全世界。这些和中国人住过一时的外国人给当地的精神感动而迷惑了。由于他们，伟大而动人的中国的幻影，散布到世界的另一头，而在太平洋战争加紧了新闻检查和限制的时候，这幅图画是完全确定下来了，要说明此后的变化，已使这幅图画成为虚妄，是很困难的。战争快结束时，新闻检查取消，美国人民开始看到了对中国政治比较真实的报道，而这些事实，和重庆初期的严峻考验时所产生出来的幻影大不相同，因此使外界不免得所谓重庆的精神一直是，连初期的重庆在内也是，宣传家的谎话。”①驻渝外国记者亲历现场报道，对中国抗战背后的真相越来越清楚。

战争后期，国民党当局腐败及军队士气低落，很难应付强弩之末的日军。随着深入了解中国社会状况，白修德对国民党当局征兵方面进行详细报道，批评了征兵造假酿成严重的中国社会问题。

> 简明地列一些数字，要比写几本大书，更能说明中国军队的状况。1938年，当日军初步攻势结束之际，华军共有四百万人。这之后的六年间，中国政府每年征兵一百五十万人；至1944年，军队的名单上至少应有一千二百万人，但当时只剩四百万人了，就是四百万人，也还是客气的说法。其余八百万人哪里去了呢？谁也无法确知，

① ［美］白修德、贾安娜：《中国的惊雷》，端纳译，生活·读书·新知三联书店1988年版，第19页。

这其间僵持的数年中，战死和受伤的也许有一百万人。其余七百万人就干脆无影无踪了。他们失踪了，因为有些人由于疾病和饥饿而死亡，有些人个别的开小差回了家，或大批的投降了敌人。①

关于抗战新闻报道，大多数外国记者受到信息来源及战时新闻政策限制，并不能报道真相。白修德指出："外国的战地记者在中国所写的东西几乎全属荒唐，是由于这些东西以记者招待会和公报为基础。我们用外面世界懂得的话，来描写一个西洋人不会了解的战争。中国写战争公报的人，都是些从没有闻过火药味，从没有听见过一声愤怒的枪声的糊涂人所写的，他们尽是说着数千人的战斗，血战，拼命的进攻和反攻。中国人发表这样的公报发表了好几年，开始的时候他们自己相信着日军依然打算冲进中国，直扑内地，后来，连这些文字匠自己也不相信自己的话了，但他们依然牵强附会，把早期漂亮的修辞来形容前线拖泥带水的角逐。"②这段话主要揭示了外国战地记者在中国报道所面临的挑战，以及中国官方对战争的描述方式所存在的问题。

第三节　延安访谈与传播中共的抗战声音

随着抗日战争全面爆发，不少外国记者陆续来到中国，报道中国人民的觉醒与斗争，增进中国人民同世界各国人民之间的相互理解与友谊。但是，"西方记者对于国民党的审查制度日趋不满，非常欢迎来自反对党的声音"③。在重庆中共代表团积极灵活的处事方式，无与伦比的信仰与

① 张鸣、吴静妍主编：《外国人眼中的中国》，吉林摄影出版社2000年版，第520页。

② ［美］白修德、贾安娜：《中国的惊雷》，端纳译，生活·读书·新知三联书店1988年版，第67页。

③ 周勇、［荷］张克雷：《走向平等——战时重庆的外交界与中国现代外交的黎明曙光（1938—1946）》，重庆出版社2017年版，第194页。

精神，赢得了驻重庆的国际传媒人士好感。1939 年，作为一个新闻界新手的白修德在认识周恩来后，深深被其挥洒自如、思路敏捷和机智过人所吸引。通过与周恩来交往，他逐渐了解中国共产党人。他对周恩来保持着崇高的敬意，“从本世纪共产主义运动中涌现出来的其他任何人物，没有比他更才华横溢和铁面无私的了。他敢作敢为，具有猫向耗子突然猛扑过去的那种敏捷身手。他刚毅果断，深谋远虑，坚定不移。然而他又是热情满怀、极通人情、举止洒脱、彬彬有礼的人”①。在重庆期间，周恩来宴请白修德等人，席间出现一道烤乳猪菜。白修德作为传统的犹太人，有不吃猪肉的禁忌。周恩来以幽默语言化解了僵局：“这是在中国，你（白修德）再瞧瞧。你看，这看上去像一头猪，但在中国，这不叫猪——这叫烤鸭。”②在周恩来帮助下，白修德对中国共产党人逐渐有了深刻认识：“周恩来就是那种人——他能够使你相信猪是鸭子，因为你愿意相信他的话，而且他也了解和尊重别人的风俗和社会习惯。”③

太平洋战争爆发后，英美等国迫切希望了解中国共产党及其领导武装力量的真实情况。事实上，中国共产党的真实信息对外界是个谜，“在世界各国中，恐怕没有比红色中国的情况是更大的谜，更混乱的传说了”④。1944 年底，白修德与《纽约时代》记者布鲁克斯·阿特金森带着对延安的神秘感，跟随美国特使赫尔利代表团前往采访，深入观察共产党和国民党的区别。这次访谈内涵丰富，在当时国内新闻传播领域不仅是最受关注的新闻议程，而且在国际舞台上还塑造了中国共产党人的形象、传播

---

① 罗宣：《在梦想与现实之间——鲁斯与中国》，人民出版社 2005 年版，第 211 页。

② 中国延安干部学院编：《延安时期大事记述》（第 3 版），中央文献出版社 2014 年版，第 211 页。

③ ［美］白修德：《探索历史——白修德笔下的中国抗日战争》，马清槐、方生译，生活·读书·新知三联书店 1987 年版，第 73 页。

④ ［美］埃德加·斯诺：《西行漫记》，董乐山译，生活·读书·新知三联书店 1979 年版，第 1 页。

了中国共产党抗战的核心观念。摘录白修德与毛泽东访谈的部分内容。

白修德问毛泽东："美国是主张中国能够团结各派力量，共同对付日本人的，但是，现在看来，你们和国民党之间的裂痕颇多，甚至互相残杀，三年前发生的皖南事件就是突出的例子。毛先生，请问，你们与国民党的关系是否有希望维持下去？两党之间的疙瘩还能否解开？"毛泽东直截了当地回答："这得看委员长了。合作是两厢情愿的事，我们与蒋介石打交道已非一朝一夕。我们之所以与他合作，目的就是一致抗日。"白修德又问："谈判会不会有成效？"毛泽东说："希望极其渺茫，谈判是国民党用来欺骗美国人的一种手段，国民党希望美国人打败日本，只有这样他们才能回师消灭中国共产党。中国共产党不会进攻蒋介石政府，但如果遭到国民党的进攻，就要抵抗。"毛泽东稍微停顿了一下，说："蒋介石诽谤共产党是'赤色俄国的走狗，是共产共妻之徒'。过去4年里，蒋介石发动了三次反共高潮，我们都一一对付过来了。只要蒋介石仍旧挂着抗日的招牌，我们就决不提出推翻他的政府的口号。我们现在在考虑以新的'人民参议会'的组织形式把各游击根据地和各解放区联结起来；在前方作战的将领强烈地要求采取这一措施，不过我们还没有做出最后决定。我并不反对美国向蒋介石的军队提供数量有限的军用物资，但是，假如美国用现代化武器装备一二十个师的蒋军，那么蒋就会调动这些军队来对付我们。美国最好是对国共双方都不供应军需物资；如果美国一定要那样做，我就要求美以国共双方对日抗战的贡献为比例，把军需物资分配给两方。"①

---

① ［美］白修德、贾安娜：《中国的惊雷》，端纳译，生活·读书·新知三联书店1988年版，第174页。

在采访过程中，白修德敏锐的新闻意识，善于把握机会，在有限的采访时间内获得了中国共产党人积极的抗战信息，而不是国民党宣传的不抵抗传言。特别是毛泽东的语言艺术不仅内涵丰富、思想深刻，还表现出形象生动、通俗易懂，彰显了中国共产党人高超的语言艺术和政治智慧。

在白修德与中国共产党人交往过程中，中国共产党人既展现真实、立体、全面的时代形象，也凝结了中国共产党人对历史治乱兴衰的深刻总结。在访谈时，毛泽东将白修德在延安看到的情况和另一位外国记者在瓦利福奇会晤华盛顿时看到的美国革命情况进行了比较。毛泽东用国外受众习惯的思维方式，生动形象地介绍中国共产党的政治主张："在外国人看来也许延安各方面的情况都很落后，就像他们当年也许只看到了华盛顿简陋的司令部而没有认识到华盛顿的主张能使他取得胜利一样。乔治·华盛顿有机器吗？乔治·华盛顿有电力吗？没有。英国人虽然拥有这些东西，可是华盛顿胜利了，因为人们拥护他。他知道正确的政治思想能使人民拿起武器，枪杆子里出政权嘛。"①这一论断内涵十分丰富，能够形成更多的共同认识，凝练出彼此都能够理解和接受的概念，深刻揭示了中国共产党人的责任义务和使命担当。

（一）驳斥国民党的污蔑和攻击，真实报道中国共产党人的政治形象。中国共产党人的革命事迹在白修德笔下内容鲜活，语言朴实，具有很强的说服力和感染力。针对长期国民党所散布的谣言及西方媒体的片面报道，白修德把更多注意力放在中共领导人的个人形象报道，尤其把毛泽东与蒋介石作了对比性刻画，展现给人们一个既具体又抽象的全面形象："毛泽东是一位身材伟岸的湖南人，一张圆脸，没有一丝皱纹，特别的爽朗，比起蒋介石那副道貌岸然的样子，他的脸是活泼的多而且堆着更多的笑容"，"他对于党的无可置疑的支配力，比起蒋介石对他的左右的支配

① 王爱枝：《当惊世界殊：毛泽东与国际人士的交往》，山西人民出版社 2014 年版，第 10—11 页。

力来说，是更为密切，更难以形容的。这一部分是由于一种真实的爱戴，一部分由于他的无可匹比的知识上的杰出”。① 此外，白修德还专注于一个特定的称号，并能够做出准确的判断，“毛泽东的上帝地位在延安就已经得到了承认，只是不那样称呼。他只是一个‘主席’，但却像耶稣那样，他去布道，别人在一旁聆听他的教诲。对他的崇敬是他在多年内获得的……但归根到底，这种崇敬还是来自他作为导师的权威。他是一个别人都错时独有他自己保持正确的人”②。这种解读有别于其他报人视角，赢得人们良好赞誉和声望，增强了中国共产党领导人的政治形象。

在重庆时期，中国共产党人善于坦诚相见，真情感人，在复杂的矛盾中寻求一致。因此，在华“记者们可以经常在联络处与周恩来或其助手交谈”③。工作繁忙的周恩来经常与白修德交谈，讲他感兴趣的各种政治逸事、中国社会现状及中国共产党的政策等。据白修德回忆：“周（恩来）有小说家那种描写人物性格的艺术才能，他本来很可以成为一个十分杰出的剧作家。他喜欢讲故事。一个年轻记者很难遇到一位除了在政治前哨担任守卫员外无事可做的大人物，并且又和普通人一样需要漫谈他的见闻。如果周兴致很高，或者午后碰上特有的下雨天，他会用生动的对话讲述一段问答体的故事，偶尔还夹杂一些尖酸刻薄的话。”④这种交谈加深了白修德对中国共产党人的认识，成就了他报道中国的新闻事业。

中国共产党人注重利用国统区的外媒，揭露国民党的黑暗统治，争取国际舆论的同情和支持。中国共产党人积极利用驻渝外国记者对新闻报

---

① ［美］白修德、贾安娜：《中国的惊雷》，端纳译，新华出版社 1988 年版，第 258 页。

② ［美］白修德：《中国抗战秘闻：白修德回忆录》，崔陈译，河南人民出版社 1988 年版，第 204 页。

③ Stephen R. MacKinnon and Oris Friesen, *China Reporting: An Oral History of American Journalism in the 1930s and 1940s*, University of California Press, 1987, pp.49–50.

④ ［美］白修德：《探索历史——白修德笔下的中国抗日战争》，马清槐、方生译，生活·读书·新知三联书店 1987 年版，第 77 页。

道的需求,揭露国民党当局的黑暗统治,如1943年国民党当局制定的全国动员法令。周恩来向白修德透露了其中的内情。军政部部长何应钦和财政部部长孔祥熙曾计划共同起草一项新的动员法令,以应对他们各自面临的问题,即通货膨胀迅速加剧和军队人员不足的困境。周恩来说,他们一致同意征兵的办法必须适用于上中下各阶级。每个青年必须服兵役,向政府交纳三千五百元钱(当时仅值二百五十美元)的人可以免征一年。当时全国的适龄青年至少有四千万,行政院的那两位部长估计至少会有三千万人出钱购买缓征权;这样,财政部部长每年可以为他的预算增加好几十亿元的收入;而军政部长可以有一千万特征入伍的兵源。周恩来突然高声喊道:"这简直太蠢了,真是蠢到极点!不过,考虑到他们在行政院干了十年,这还不光是愚蠢;他们一点经验也没有。"①可见,周恩来循循善诱加强故事修饰提炼,丰富故事表现元素,使白修德能够形象地感知国民党当局的腐败问题。据白修德回忆,"我现在也不知道,他当时是否想说服我这个美国记者并通过我使《时代》杂志相信,蒋政府庸碌无能,共产党人是未来的潮流;或者他不过是想教育教育我。我从他那里学到了很多东西,他最后确实承认他起了老师的作用"②。由此可见周恩来注重平常联络感情,宣传了中国共产党人形象,影响了白修德如何定位和解读中国。

(二)预判中国共产党将主宰中国的前途命运。白修德通过同中国共产党人的广泛接触,用事实驳斥了国民党当局对共产党、八路军"游而不击"的诬蔑,极大地提高了中国共产党和八路军的声威。百团大战在中国抗日战争史上写下了光辉灿烂的一页。他认为中共军队积极的抗战有力地打击了日军,如"共产党军队能够统帅两万、三万有训练的战士在一个区域里单独行动,在这些抗敌力量的后面,还有着农民群众拥护的基

① 林枫主编:《我眼中的领袖们》(下),中央文献出版社1999年版,第484页。

② 林枫主编:《我眼中的领袖们》(下),中央文献出版社1999年版,第484页。

础,他们散布在日本交通线的后面和周围,布满了整个华中和华北"①。在延安采访的过程中,白修德感受到了与国统区截然不同的社会氛围。他将共产党和国民党作了鲜明比较:

> 在国民党是腐化的地方,它保持着洁白。在国民党是愚昧的地方,它是英明的。在国民党压迫人民的地方,它给人民带来了救济。在过去二十年的混乱和纷扰中,他们比世界上任何其他共产党,都更直接和人民大众相处。②

也许新闻人的敏感使他不得不观察中国共产党领导下的抗日根据地的军民建设。他一方面注意中国共产党政治态度对维护根据地的民主建设具有重要作用;另一方面对延安根据地的生活细节深入思考,"解放区气氛轻松,虽然上下级之间也存在着物质享受上的差别,但是共产党并不迷信平等主义,领导人也以身作则倡导生产,自食其力。他看到,毛泽东住在离城几里的郊外,比一般人受到更多的尊敬,他爱抽烟,就自己种烟叶,种出来的烟草足够党的总部使用;总司令朱德爱吃蔬菜,就种了大白菜"③。他断言道:"抗日战争,使得共产党在人民中受欢迎,共产党给予农民以保护,而他们则愿意抵抗日本,这是中国农民对日本军队发泄深仇大恨的一条唯一可能的道路。"④

经过对中国共产党及其根据地建设的所见所闻,白修德以历史的眼

---

① 齐文编译:《外国记者眼中的延安及解放区》,历史资料供应社 1946 年版,第 17—24 页。

② [美]白修德、贾安娜:《中国的惊雷》,端纳译,生活·读书·新知三联书店 1988 年版,第 35 页。

③ Thedore H.White, *In Search of Histroy: A Personal Adventure*, p.185.

④ [美]白修德:《延安印象记》,虞和平主编:《中国抗日战争史料丛刊(72)》,大象出版社 2016 年版,第 18 页。

光审视与判断了中国前途命运走向，如“共产党政府具有坚实的群众基础，它的各项政策的实质是改良主义，它所实行的民主政治也‘毫无疑问是真实的’”①。不但如此，他还把延安之行写成了《置身红色中国》《延安印象记：共产党对美国的友谊是真诚的》等系列报道，预言了中国共产党将主宰中国的前途命运。

（三）影响美国舆论对中共的政治态度。在抗战大部分时期，国民党当局对中共采取严密的新闻封锁，还调动一切舆论工具进行诋毁、污蔑、谩骂、造谣等，使中共对外报道真实信息困难重重。皖南事变发生后，周恩来不仅向白修德翔实地披露了新四军惨遭国民党军队袭击的真相，而且深入分析了事件的来龙去脉。白修德出于对中国政局的了解，怀疑其命令出自蒋介石。白修德开始了解真实的中国政局，“我不能再相信蒋介石和他美国化的政府是一个真实的政府。他们不能控制事情之发生，我决心和他们脱离关系”②。事实证明，白修德对中共的好感加深，改变了以往对国民党的态度，大大推动了美国对中共的抗战事务充满希望。

经过长期的观察和思考，白修德关于中国抗战的所见所闻整理出来，以《中国的惊雷》著作出版，宣传了中共抗战力量，影响了美国对华政策的制定。费正清欣赏白修德写的《中国的惊雷》这本书，立即为之撰写书评：“我在《纽约时报书评》（1946 年 10 月 27 日）上发表的关于该书的评论刊登在该报的第一版上，文章不尚修饰，唯求内容醒目：‘蒋介石所标榜的民主并非是我们所说的民主，与毛泽东的民主亦大相径庭’。在这两者之间，虽然我们竭力支持前者，但事实上中国人最终可能选择后者”，“最后我的结论指出，如果《中国的惊雷》一书关于中国所提供的是一幅准确的画面的话，那么，现在即可以真相大白了，美国公众可以注意

① ［美］肯尼思·休梅克：《美国人与中国共产党人》，吉林文史出版社 1989 年版，第 145 页。

② ［美］黄仁宇：《地北天南叙古今》，九州出版社 2011 年版，第 185 页。

到在民主的招牌下他们正支持着一种什么样的专制政府”。① 在一定程度上营造了有利的国际舆论环境，促进了美国民众对中国共产党的同情和认识。时至今日，这本书依旧值得思考，“它（《中国的惊雷》）的报道，它的判断，以及它对人物的描述经受了时间的考验。它关于规模巨大的内战和革命前夜中国景象的记叙，在近四十年后的今天，依然是生动而准确的，就好像是刚刚写成的”②。

小　结

白修德在华的非凡经历，对抗战时期大后方的种种情况知之甚详，特别是中美关系及国民党内部关系，不乏深入了解。他坚持事实、客观的立场报道中国抗战真相，使其对中国命运前途拥有了深刻的判断。

经过艰苦卓绝的抗战，以白修德为代表的驻渝外国记者与中国人民一起庆祝取得的胜利，见证了历史性时刻。在胜利时，《时代》周刊驻华记者白修德对广播现场的细节描写，展现了坐在话筒前的蒋介石性格与情感，蕴含了丰富的新闻价值，提升了这次意义象征的细微场景。

> 1945 年 8 月，蒋安静地坐在重庆一间闷气的广播室里准备告诉中国人民抗战事业已终结。他和平日一样凝固地沉着。他的头顶剃得净光，不着丝毫白发的痕迹。他的咔叽军装上衣毫无瑕疵，不挂勋章，衣领紧扣在喉头，上有斜皮带勾扣着，一管自来水笔挂在口袋之上。广播室荡热，内中的二十个人汗流浃背，只有委员长看来凉快。他调整着角质框的眼镜，看了看面前桌子上紫红色的花一眼，慢慢地

① 方明：《抵抗的中国：外国记者亲历的中国抗战》，团结出版社 2017 年版，第 313 页。

② 陕西省地方志办公室编：《东方之光》，三秦出版社 2015 年版，第 224 页。

对着扩音器用高调而清爽的声音告诉人民仗已打胜。他说着的时候,室外的喇叭传播着这消息。街上人众认识了他明显的汽车麇集在石砌的建筑之门外,他可以听到轻微的欢呼之声。

他的演讲历时十分钟。突然地他的头颅低垂,失眠的眼眶陷凹处见形,在这一刹那的松弛,他的平稳之外貌露相,紧张与疲劳在这胜利的关头显现在他人身上。①

抗战胜利来得太突然了,国民党当局没有做好心理准备,蒋介石岂有不知之理?这正是目睹了重庆新闻界艰难抗战状况的白修德辛辣的描述,蒋介石在广播中表达中国抗战胜利情景中内心不安的一幕。白修德在华新闻采访报道缘起于重庆,延展至延安,与风云变幻的国际背景结合,构成了这一时期独特时代意义的重要组成部分。

① [美]黄仁宇:《从大历史的角度解读蒋介石日记》,(台北)时报文化出版社 1994 年版,第 430 页。

第六章　国难中的报人抗战精神及生存价值

抗战时期的重庆，既是大后方的政治中心所在地，又是中华民族的精英荟萃地。也正因为如此，重庆才得以从全面抗战前西南地区的一座普通城市一跃而发展成为中国文化教育的中心，中华民族抗战的指挥、宣传、舆论中心。学者王平陵称赞："抗战时期重庆出版事业之发达，一般著作家之努力，较之战前尤有过之而无不及。更足称道的，就是那时期陪都新闻纸的进步无论哪一家报纸，都充满着第一流的作品，无不是流寓此间的名作家所执笔……而印在土纸上的材料，甚至是发表在副刊上的散文小品，却不是土货，可说是斐然成章，无美不具，随在可以发现中国的文化已在抗战中获得长足的进步，中国精华的凝聚，人材的集中，文化的发扬，真是有史以来第一次。"①

抗战时期重庆报人群体的内心世界为何没有被日寇残暴所征服？客观来说，这与他们所处社会环境及其职责使命有很大关系。美国社会学家米尔斯说过："在这一社会这一时期，占主流的是什么类型的人？什么类型的人又将逐渐占主流？通过什么途径，这些类型的人被选择，被塑造，被解放，被压制，从而变得敏感或迟钝？我们在这一定时期一定社会

① 唐润明：《衣冠西渡——抗战时期政府机构大迁移》，商务印书馆 2015 年版，第 323 页。

中所观察到的行为与性格揭示了何种类型的‘人性’？我们所考察的社会各方面对‘人性’有何种意义？”①在战争激烈变动，形势发展迅速，把握重庆报人群体生存的历史任务，是揭开他们勤于人性守望的精神气质。敌人的暴行没有击垮重庆新闻工作者的意志，反而激发了他们努力创作的热情。对此，《新华日报》发表短评《陪都报业的精神》，高度赞扬重庆新闻界的这种战斗精神，揭示了重庆新闻界不畏强暴，坚决与敌人战斗到底的豪迈气概：“今年敌机袭渝，对市区贫民住宅的滥炸变本加厉。东方法西斯强盗侵华四年而无法收场，转而以中国无辜市民的生命财产作泄愤的对象，这种兽行，固然使我人民遭受若干损失，友邦人士的财产同遭焚毁，我陪都同业如时事、新民、新蜀、大公、扫荡等报馆也先后受许多物质上的损失。但这种兽行，所得的结果只是更高度发挥我愈炸愈勇的大无畏精神，日寇虽毒，岂能奈我何。”②

1939 年 9 月 1 日，正值第二次世界大战全面爆发之际，许多国家在战争中遭受了巨大的损失和痛苦。当日《大公报》发表社评，寄望于报人尽职尽责：“我们除了善尽战时报人的职责以外，更致几点希望如次：（一）青年报人应大批发动到阵前敌后，从事效果最宏意义最大的新闻工作。（二）政府应特别认识阵前敌后新闻工作的重要，努力加强。把收音机、誊写版及简单的印刷器材多多运到前方和游击区，所有阵前敌后的政工人员都应该从事报人工作。（三）政府应该用飞机把后方的报纸运送到前方及游击区。”③这篇社评反映了当时中国国内报纸对于战争的看法和态度，同时也反映了当时新闻工作者在前线和其他战斗区域所面临的

---

① ［美］赖特·米尔斯：《社会学想象力》，生活·读书·新知三联书店 2001 年版，第 5 页。

② 重庆抗战丛书编纂委员会编：《抗战时期的重庆新闻界》，重庆出版社 1995 年版，第 227 页。

③ 《大公报一百周年报庆丛书》编委会：《大公报一百年社评选》，复旦大学出版社 2002 年版，第 137 页。

挑战和困难。的确,以张季鸾为代表的报人群体不忍看生民涂炭、社会凋敝、民族受辱,高举抗战宣传与动员的舆论旗帜,“诚如张季鸾激勉抗战时期报人,远承数千年历史文化之精神,近受明末诸大儒革命之陶冶,奋起革命,复活国魂。美历史学者莫特评价梁启超为孕育于固有文化中,担负西方文明与东方文化之桥梁。证诸王韬、梁启超、张季鸾及无数志士奉献士人报业,直可确知士人报业实应为历史传承及光前裕后之重要文化力量,其强烈之使命感更为西方所稀见,值得宣扬”①。

不可否认的是,在当时的报人群体中,存在着鱼龙混杂的情况,包括一些不良分子,如“报痞子”“公子哥儿”“袍哥”“宪特”等。然而,绝大多数的报人都是正义的,他们属于中间型报人,是自由职业者。他们以笔为枪,怀着爱国心和正义感,追求真理,并以必死的精神从事抗战工作。他们的精神是坚定而崇高的,以必死的精神为抗战事业奋斗。学者王新常指出:“我们武力的不如人,既无可为讳,倘若争取最后的胜利,就更非整个民族都有不辞一切牺牲从事抗战,那本应站在最前线的新闻事业者和新闻记者,就更应该牺牲小我的一切成见,不顾小我的一切利害,赶快造成抗战高于一切的舆论,造成上下一致抗战到底的意志。”②支撑报人们生存的是以天下为己任,重操守,讲人格,诚实、勤勉,恪守种种报人应遵守的职业道德,贫贱不能移,富贵不能淫,威武不能屈,泰山崩于前,麋鹿兴于左而目不瞬。这种精神铸就了重庆报人群体的高贵品质与生存价值。

(一)报人职业认同度高,富有国家至上、民族至上的爱国精神。抗战时期,重庆报人群体在“抗日高于一切,一切服从抗日”的原则下,不仅服从于战时宣传与动员的大局,而且成为“一切抗日的个人、集团、团体、党派的共同喉舌”。因此,高举爱国的大旗,宣传与动员抗战成为中国报

① 王洪钧:《新闻理论的中国历史观》,(台北)远流出版公司 1998 年版,第 60 页。

② 王新常:《抗战与新闻事业》,商务印书馆 1938 年版,第 46 页。

人群体的最高生存价值。报人不但得到社会舆论对其认同,而且报人职业的自我认同度也有所加深。张季鸾在为抗战时期重庆的一个记者刊物撰写的《无我和无私》里说:“报人的职责是在谋人类的共同福利,不正常的自私对其他国家民族也是罪恶。以中国今天论,我们抗日决非私于中国。假若中国是侵略者,日本是被侵略者,那么,中国报人就应该反战。”①他还强调说:“我们同人都是职业报人,毫无政治上事业上甚至名望上的野心,就是不求权,不求财,并且不求名。我们以为不求权不求财,是士人常行,容易办,不求名却不甚容易……因为一个报人若只求虚名,得喝彩,有时要犯严重错误,甚至贻害国家。”②在国难之下,报人们深知自我职业责任,时刻将国家民族发展作为生命方向,不论有多大的阻碍和压力,做到不卑不亢,得到社会认可。

抗战时期,陪都重庆的媒体几乎均遭到日寇的狂轰滥炸,许多房屋被炸毁,许多重要文件资料均被烧光,编辑记者及其他职工殉难亦多达 22 人。至于因水电设施被炸,修复需要时间,严重影响了他们工作与生活,则是每家媒体都遭遇到的,无一例外了。但是,不论敌人怎么狂轰滥炸,面前有着多大的艰难险阻,报人们都不馁不懈,勇往直前,为抗战贡献自己的一份力量。国民党报人曾虚白指出,“战时的新闻从业员,把新闻工作看作是一种事业,不是一种职业。认定这是一个神圣的工作岗位,而不只是一个饭碗。正因为如此,新闻记者在他的工作岗位上,常常坚持到最后一分钟,绝不轻易撤退、放弃”③。抗战时期报人坚守抗战的精神成为不少文人精神世界的支撑。正如傅斯年写给胡适的信中所说:“与其入政府,不如组党;与其组党,不如办报。”④1941 年 5 月,《大公报》荣获美

① 周雨编:《大公报人忆旧》,中国文史出版社 1991 年版,第 287—288 页。

② 周雨编:《大公报人忆旧》,中国文史出版社 1991 年版,第 287—288 页。

③ 曾虚白:《中国新闻史》,(台湾)三民书局 1989 年版,第 418 页。

④ 许纪霖:《中国知识分子十论》,复旦大学出版社 2003 年版,第 71 页。

国密苏里大学新闻学院荣誉奖章，在中国新闻界引起强烈反响。当时报界同仁纷纷表示祝贺，报人马星野先生撰文称赞道："当我获悉一九四一年国际报业的荣誉归属于中国大公报的时候，快慰与自信激起了我们这一群年轻记者无限的兴奋，美国密苏里新闻学院一年一度颁给外国报纸的荣誉奖章，是非常慎重的，贵报以一刊行悠久，代表中国报纸继续作着之贡献，对于中国之服务，式符新闻学院之信条，而开中国报界获得国际荣誉的端绪，这名符其实，当之无愧，四十年来我们中国在惊涛骇浪中挣扎图存，贵报也在这风雨飘摇的局势下始终严守住岗位，坚定着立场，为国家的存亡作不断的奋斗，与民族共荣辱，与国家同忧乐，苦心孤诣，为时代木铎，忠贞之节，历久弥坚，这种光明磊落大公无私的青年精神，不仅取得了国人的信仰，而且已博得国际的钦敬。"①战争苦难之下，这来之不易的奖项给这个国家的人民带来一种至高至上的精神支持。

战争"颠沛流离"的苦难，报人坚守着相同的志向，宣传抗战救国主张，鼓舞抗日民众斗志。报人范长江认为，尽管战争破坏了报业的物质基础，但我们应当发挥人的作用，使得"人的基础代替物的基础"，"战局转入第二期的后半阶段，物的基础就靠不住了，一方面则商业资本毁灭，没有多余的财力可以如心所欲，另一方面则报纸必要的材料，痛感无处可以采办，有钱亦无办法。报业丧失物的基础会妨害其存在的价值吗？不，绝不如此，报业反而表现一副新姿态，跨进一个新时期，人的活动接替物的基础，人的技能弥补了物的缺失，以后只要有人，就会有报，物的丰啬，无关宏旨。有了一台收音机和一具油印机，就可以出版精彩百出的报纸，此时的报纸是流动性的，以人为主体的，靠人的精神以补救物质的不足的"。② 可以说，重庆报人群体以笔为枪，在山城高高低低的街道上，冒着

---

① 马星野：《本社致贺大公报荣获奖章函（五月六日）》，《新闻战线》1941 年第 3 期。

② 范长江：《战时报业之质的变化》，《战时记者》1939 年第 8 期。

日寇轰炸的风险,报道敌人的罪行,安抚和记录百姓的悲苦,付诸文字,激励人民,关心国家的命运与发展。

(二)报人不屈不挠的生存精神。报人迫于艰辛的生活压力,在夹缝中生存。通常情况下,历史是一把公正的天平,能够在过去的事件中恰当地定位人们。对于某个历史人物,人们可能因为各种原因有着不同的好恶观点,但历史科学应该致力于还原历史真相,并提供正确解释,避免离开历史的真实性而故意高估或贬低某个人。我们应该做到对待历史人物,既不扩大其善行,也不增加其恶行;要准确评价他们的所作所为,不偏不倚。① 抗战时期的重庆,商店里陈列着琳琅满目的商品,却是标有不可思议价格的"奢侈品"。然而,对驻渝的外国记者来说,重庆不仅"封闭"、"原始"、物价昂贵,且生活清贫而单调:"这里的生活很难谈得上舒适。没有多少电风扇,不到一打的电冰箱。大多数时候是喝不加冰的水,没有电影看,不能到夜总会,因为这里根本就没有夜总会。整晚呆在屋里,因为没有好玩的地方可去。"在这里,"多数美国人都在怀念沙发、热狗、果汁牛排、冷热水龙头,淋浴和夜总会节目"。② 而对于那些从事社会新闻报道的底层报人来说,他们的生活和工作条件更加艰苦,这是可想而知的。

抗战时期重庆的生活极度艰苦,再遭遇敌机大轰炸,还需要应对物质条件的压力。许多报人们不仅薪水菲薄,就连居住的环境也异常恶劣,被迫迁往郊区居住。有几家在李子坝、化龙桥一带的大报,为防空需要,挤在一起工作,待遇菲薄,通宵达旦,仅提供一餐夜班伙食。有的报馆长年发不出薪水,没有"额外收入"或家庭支持的报人们,特别是拖家带口的,在那米珠薪桂的岁月,其生活之困苦可想而知。报人张恨水《浣溪沙》一诗叙述其寓居重庆的生活困苦写照:"入蜀三年未作衣,近来天暖也愁

① 杨天石:《找寻真实的蒋介石》,山西人民出版社 2008 年版,第 248 页。

② 张瑾:《陪都岁月:重庆时期的宋美龄研究》,东方出版社 2018 年版,第 435 页。

眉，破衫已不像东西。袜子跟通嘲鸭蛋，布鞋帮断像鸡皮，派成名士我何疑？两鲜鳞一两珠，瓦盘久唱食无鱼，近还牛肉不登厨。今日怕谈三件事，当年空读五车书，归期依旧问何如？借物而今到火柴，两毛一盒费安排。邻家乞火点灯来。偏是烛残遭鼠咬，相期月上把窗开，非关风雅是寒斋。把笔还须刺激吗？香烟戒后少诗抓。卢同早已吃沱茶，尚有破书借友看，却无美酒向人赊，兴来爱唱泪如麻。”①当然不是个人的牢骚，这种生活的窘状，是绝大多数生活在重庆的报人感同身受的。像张恨水、张友鸾等报人，他们带着家人租住在乡间简陋的茅屋里。这些茅屋在当时被称为“国难房”，其墙壁是由竹片编织成篾笆，再折糊一层黄泥巴，屋顶则是用稻草覆盖，每逢下雨必定漏雨。张恨水自称为“待漏斋”，而张友鸾所住的茅屋则被戏称为“惨庐”或“未完堂”。他们的生活方式，可以说是代表了在重庆寓居的下层公务员、教员和报人群体。

他们不但物质生活艰难，而且精神生活亦相当苦。特别在抗战时期，报人的精神生活更苦。有人说办报的人起码要短寿十年，这的确有道理。报人的工作生活反常，普通人是白天工作，夜晚睡觉，而报人却是白天睡觉夜晚工作。这种反常的生活，已深深地影响报人的身体健康。如，“我们都是夜间工作的人，凌晨上床，醒来往往是中午了。有人说：这样的生活方式是违反自然的；但是对于一个新闻从业员，尤其是内勤，不可能获得第二个选择战时报人的生活就是这样的，晚上工作，凌晨在防空洞看拼版，上午睡觉，下午休息或去市区走动”②。一些报人认识到记者反常的工作程度已威胁到其身体健康。胡政之特别强调新闻记者在繁忙的工作中保持健康状态，“新闻记者因为起居饮食不像常人那样有规律，内勤常要通宵工作，外勤需要不避风日，跋涉奔波，所以必须具有健康的体格，始能担负这种沉重的工作。但是，反过来说，如果自己生活不检点，浪费精

① 丁英顺：《张恨水：在陪都重庆的岁月里》，《志苑》2016年第6期。

② 刘以鬯：《寺内》，中国文联出版公司1995年版，第150页。

力,纵有健康的身体,亦必断送。所以,新闻记者的生活,应该时时自己注意健康,譬如晚上未上班前,倘利用时间,获得休息,则在精神上,自然大有裨益。新闻记者虽然生活较苦,但假使不作无谓消耗,处处注意日常生活,相信不致影响到体质。人家说做新闻记者会坏身体,那是不能相信的"①。这段话强调了新闻记者的工作特点和生活方式对健康的影响,并呼吁他们重视个人的健康管理。

(三)报人坚持公正、客观、热诚的精神。报人是以新闻职业责任为核心的,具有及时、准确地传递信息的责任,是社会信息环境的重要把关人。关于记者的职业责任,报人浦熙修曾经说过:"记者的职业应当是神圣的。我们不愿意受漠视,同时也不愿意受贿赂。我们对事对人,都要寻根究底的探听,我们亦愿忠厚老实的报告。认定自己的目标,发挥自己的能力,使社会明真相、辨是非,而保持正义、公道,这就算我们尽了几分天职"②。胡政之认为,一个成功的新闻记者必须对自己的事业和工作充满热情和兴趣,并将这种热情转化为优秀的新闻报道。他强调热诚是新闻记者最重要的条件之一,"一个良好的新闻记者对自己的事业与工作,有极热烈的兴趣与志向。如果,新闻记者对新闻事业不发生热烈的兴趣,则一定难于成功。因为新闻记者不求名利,不求显达,任劳任怨,为社会服务,个人所得到的,只是菲薄的报酬,则所为何事?曰:为了精神的安慰。物质生活如是之苦,精神无所寄托,因而对工作缺乏热忱,结果枯燥乏味。那么,他怎能成为一个成功的新闻记者呢?所以新闻记者最重要的条件,'热'是缺少不了的"③。

为了培养记者的职业责任感,报人们积极通过新闻教育塑造学生对记者职业、社会、时代使命感的价值观。在教育实践中,报人马星野强调,

---

① 胡政之:《对桂林馆编辑部同人的讲话》,《大公报》1943年6月13日。

② 袁冬林:《浦熙修:此生苍茫无限》,大象出版社2002年版,第37页。

③ 胡政之:《对桂林馆编辑部同人的讲话》,《大公报》1943年6月13日。

学生将来要践行新闻记者的职业精神和使命感，用自己的笔和言论，为民族和社会的发展作出最大的贡献。他还为重庆国民党中央政治学校新闻学系写了一首《系歌》，如“新闻记者责任重，立德立言更立功，燃起人心正义火，高鸣世界自由钟；微言大义春秋笔，亲爱精诚政校风，我有笔枪与纸弹，誓为民族最前锋”①。可见，作为一名报人，要客观、公正地报道新闻，必须具备勇敢、正直和深入的精神。这些品质是获得社会对职业认同的关键。

重庆报人群体是抗战时期大后方的一群思想先进、具有长远目光的知识分子，他们坚决维护客观和公正的思想，绝不容忍对其思想进行歪曲和抹黑。因此，他们抱着客观、公正和理性的精神，坚决与政治恶势力抗争，具有明显的自我牺牲精神。女报人浦熙修曾经表达与腐朽的国民党当局斗争的决心时说：“我把社会分为光明面和黑暗面，好人和坏人。国民党贪污腐化，不抗日，搞摩擦，不民主，无自由，尽做坏事，令人愤慨。‘皖南事变’尤其震动人心。而共产党说真话，讲道理，有办法，关怀人，做的都是好事。我有正义感，要求抗日，要求自由民主，我讨厌和仇视国民党的反动领导和腐败制度。我愿意站在好人一边打击坏人。”②可以说，报人们以一往无前的精神，反对国民党当局的腐败统治，尽量反映民声，表达民意，忠实地履行着自己的职责，在中国抗战新闻史上谱写了浓墨重彩的一笔。

---

① 王继先：《坚守与徘徊——新闻人马星野研究》，南京师范大学出版社2018年版，第52页。

② 袁冬林：《浦熙修：此生苍茫无限》，大象出版社2002年版，第16页。

附录一

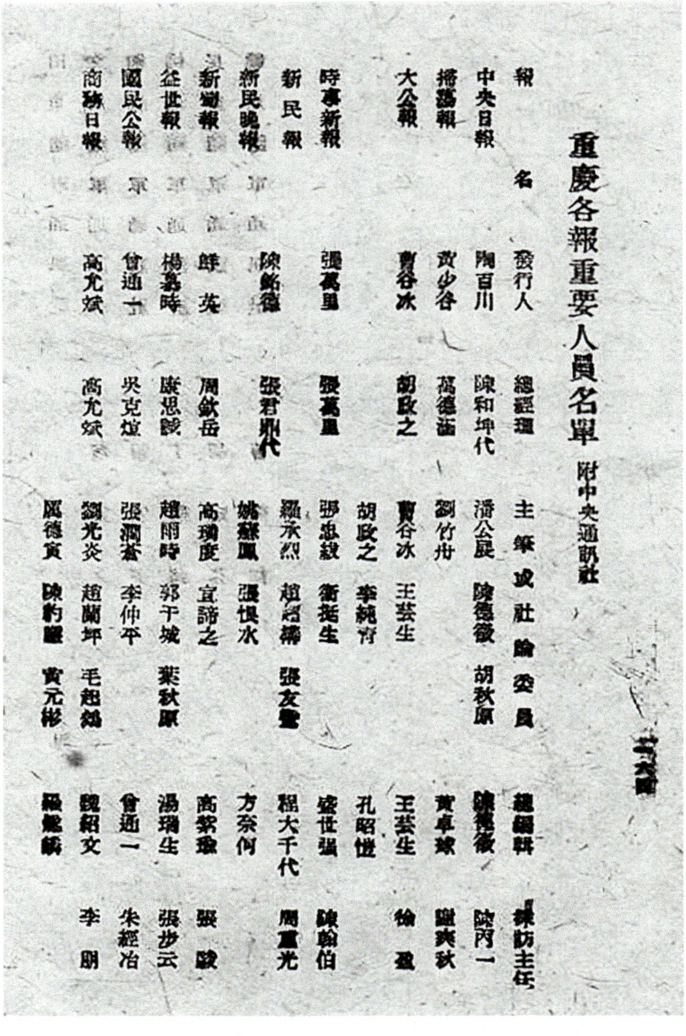

重慶各報重要人員名單 附中央通訊社

報名	發行人	總經理	主筆或社論委員	總編輯	採訪主任
中央日報	陶百川	陳和坤代	潘公展 陳德徵 胡秋原	陳德徵	陳丙一
掃蕩報	黃少谷	萬德涵	劉竹舟	黃卓球	謝爽秋
大公報	曹谷冰	胡政之	曹谷冰 王芸生	王芸生	徐盈
			胡政之 李純青	孔昭愷	
時事新報	張萬里	張萬里	鄧忠綏 衛挺生	盛世强	陳翰伯
新民報			羅承烈 趙超構 張友鸞	程大千代	周重光
新民晚報	陳銘德	張君鼎代	姚蘇鳳 張恨水	方奈何	
新蜀報	鮮英	周欽岳	高璜度 宣諦之	高紫瑜	張駿
益世報	楊壽時	康思誠	趙雨時 郭于城 葉秋原	湯瑞生	張步云
國民公報	曾通一	吳克煌	張潤蒼 李仲平	曾通一	朱經治
商務日報	高允斌	高允斌	劉光炎 趙蘭坪 毛起鵕	魏紹文	李朗
			厲德寅 陳豹隱 黃元彬	羅龍鎮	

新華日報　潘梓年　龍瓊汀　戈寶權　許滌新　章漢夫　陸詒

陳家康　石西民　（合邁平）

自由西報　呂俊鈞代　呂俊鈞代

南京晚報　張友鶴　張友鶴　張友鸞　張友鴻　李壽子

中央通訊社　社長　總編輯　編輯部主任　編輯部副主任

蕭同茲　陳博生　莫泉　趙漢野

英文部主任　採訪部主任

馮德區　劉光

蕭大夏

附 录 二

抗战时期检查外国记者新闻电报准则(1939年)

一、我国新闻记者拍发新闻电讯,有下列各项之一者,一律删改或扣留之,但已经政府当局公开发表者不在此限。

(一)军事方面

1. 有关国防计划者;

2. 有关军事秘密者;

3. 部队之番号、驻防地点及长官姓名;

4. 部队之调动情形;

5. 敌军实力及战略之判断;

6. 敌机轰炸之结果。

(二)财政方面

1. 凡国际借款易货及其他一切与对外贷款有关者;

2. 内外债务之处理;

3. 币制及金融上之措施;

4. 金银之运送;

5. 国外捐输情形。

（三）交通方面

1. 决定而未经实施或正在进行尚未完成之一切交通建设计划；

2. 有关国防及国际交通要道之设施情形。

（四）实业方面

1. 有关国防之工业设施情形；

2. 后方新兴工业之设施情形。

二、凡本准则未经规定事项及临时特殊事项，无法适用本准则时，检查员应随时向主管长官请示决定之。

三、本检查工作，取公开方式，凡遇应予删改或扣留之电文，检查员应先以最迅速方法通知原发电记者，说明删扣理由。

四、凡应删改之电文，应将原电及其存底之应删字句，明确划明，然后盖戳送发。

五、各记者发电应缮成一式四份，一份存中宣部国际宣传处，一份存新闻邮电检查所份由电报局拍发后存查，一份由原记者存查。

国民党中央宣传部档案

战时新闻检查办法

一、遵照蒋委员长手令，将现有军事委员会新闻检查机构改组，设立战时新闻检查局，集中管理战时全国新闻检查事宜。

二、为期新闻检查业务在战时推行顺利计，战时新闻检查局隶属于军事委员会，至组织训练及技术上之责任由中央宣传部负之。

三、战时新闻检查局局长由中央宣传部、军事委员会派员分任之。

四、战时新闻检查局之经费，以原有中央检查新闻经费为基础，其不敷之数由军事委员会核拨之。

五、各地新闻检查所人事与经费，悉由战时新闻检查局统筹办理，并应注意提高检查员之素质。

六、新闻检查应依据中央核定之《新闻检查标准》《战时新闻禁载标准》及中央宣传部与战时新闻检查局临时之指示办理，至于两项标准之运用与内容应如何更使具体化，由战时新闻检查局与各关系机关商办之。

七、战时新闻检查局之职员，以调用为原则，必要时得遴选适当人才专任之。

国民政府社会部档案

战时书刊审查规则

第一条　战时书刊之审查，除法令别有规定外，依本规则之规定。

第二条　本规则所称战时书刊，包括图书杂志及戏剧电影之剧本。

第三条　战时书刊之审查，由中央图书杂志审查委员会（以下简称中央审查委员会）及其所属各省市图书杂志审查处（以下简称审查处）依本规则之规定办理之，中央图书杂志审查委员会之组织条例另定之。

第四条　战时书刊之审查，除依据修正出版法第四章所规定之限制登载事项外，应依照国民政府公布之战时出版品审查办法及禁载标准办理。

第五条　前条所称禁载标准之解释，由中央审查委员会随时通知各种书刊之发行人。

第六条　凡图书杂志戏剧电影内容确实优良者，中央审查委员会得分别予以奖励，其办法另订之。

第七条　发行人或著作人印行图书杂志，除各种教科书应依法径送教育部审定，各种地图应依法径送内政部审定外，其余概应送请所在地审查处审查。发行人或著作人印行戏剧电影之财本及摄制发行电影片,概应径呈中央审查委员会审查。

第八条　战时书刊之审查程序,分为两类如下原稿送审。凡以论述军事、政治及外交为目的之及杂志暨单篇文字,均应在出版前一律以原稿送所在地审查处审查,其未送审者不得印行。凡剧本及电影片未经呈送中央审查委员会审准者,不得印行、上演或公演。自愿送审。凡图书暨不以论述军事、政治及外交为目的之杂志,得不以原稿送审,由发行人著作人依据《战时出版品审查办法及禁载标准》自行负责审查,但如发行人著作人自愿先以原稿送所在地审查处审查者,审查处仍应接受审查。

第九条　凡图书杂志及剧本不论为原稿送审或自愿送审,其发行人印刷人及著作人均应于印就后发行前四日,一律以 2 份呈送所在地审查处,其未呈送者一律不得发行。前项图书杂志及剧本,如可先将原稿送审者,发行人印刷人或著作人于呈送书刊时应并送业经审查之原稿,以便审查处核对。

第十条　凡以原稿送审之图书杂志,其原稿如有抵触禁载标准之处,审查处得指示删改修正后出版,必要时并得禁止印行。凡剧本及电影片如有抵触禁载标准者,中央审查委员会得指示删改修正后出版发行,必要时并得禁止印行、上演或公映。

第十一条　凡以原稿送审之书刊,依审查机关之决定而发行者,中央审查委员会不再课发行人著作人以责任,但如发现违背审查机关之决定者,得依法取缔之。

第十二条　依本规则第八条第二款之规定,得不以原稿送审之书刊出版后,如发现其内容抵触禁载标准者,中央审查委员会得禁止其发行,并应视情节轻重,分别课发行人著作人以责任,必要时审查处并得依出版法先行扣押该项书刊。

第十三条　凡未设审查处地方或国外运入之书刊,均应由发行人依本规则第七条至第九条之规定呈送审查,其未依法送审者取缔之。

第十四条　凡经取缔之书刊,如其发行人或著作人已将不妥之处删改或取缔,原因已经消灭时,得撤消其取缔之处分。

第十五条　凡战时书刊之发行人或著作人,如认为审查处处理失当时,得申述理由请求复审,并得径呈中央审查委员会核办。中央审查委员会对所属各省市审查处之决定,于必要时得变更或撤消之。

第十六条　本规则施行细则另定之。

第十七条　本规则自公布尔日施行。

军委会政治部档案

附录三

重庆抗战时期献身的报人名单

日期	新闻机构	人员名单	献身原因
1938 年 10 月 23 日	新华日报	李密林、潘美年、项泰、程德仁、罗广耀、陆从道、李鉴秋、王祖德、罗仁贵、胡炳奎、胡宗祥、潘香如、季履英、许厚银、李元清、易竟成	日机轰炸转移中的“新升隆”号轮船
1939 年 5 月 3 日	大公报	王凤山	重庆大轰炸
1939 年 5 月 4 日及 8 日	中央通讯社	刘柏生、李尧卿	重庆大轰炸
1939 年 5 月 4 日	中央日报	张慕云	重庆大轰炸
1939 年 5 月 25 日	重庆各报联合版	阮德成	重庆大轰炸
1941 年 6 月 5 日	益世报	谢云鹏	重庆大轰炸
1941 年 6 月 5 日	新民报	王金才、杨清白	重庆大轰炸

参考文献

[1]周勇、[荷]张克雷:《走向平等——战时重庆的外交界与中国现代外交的黎明曙光(1938—1946)》,重庆出版社 2017 年版。

[2][美]T.克里斯托弗·杰斯普森:《美国的中国形象(1931—1949)》,姜智芹译,江苏人民出版社 2010 年版。

[3][美]埃德加·斯诺:《为亚洲而战》,新华出版社 1984 年版。

[4][美]白修德:《探索历史——白修德笔下的中国抗日战争》,马清槐、方生译,生活·读书·新知三联书店 1987 年版。

[5][美]白修德、贾安娜:《中国的惊雷》,端纳译,新华出版社 1988 年版。

[6][美]费正清:《中国之行》,新华出版社 1988 年版。

[7][美]黄仁宇:《从大历史的角度解读蒋介石日记》,(台北)时报文化出版社 1994 年版。

[8][美]黄仁宇:《地北天南叙古今》,九州出版社 2011 年版。

[9][美]卡尔逊:《卡尔逊论战时中国(1937—1941)》,外文出版社 2004 年版。

[10][美]肯尼思·休梅克:《美国人与中国共产党人》,吉林文史出版社 1989 年版。

[11][美]赖特·米尔斯:《社会学的想像力》,陈强、张永强译,生

活·读书·新知三联书店 2001 年版。

[12][美]乔伊斯·霍夫曼:《新闻与幻象——白修德传》,胡友珍、马碧英译,新华出版社 2001 年版。

[13][日]前田哲男:《从重庆通往伦敦、东京、广岛的道路——二战时期的战略大轰炸》,王希亮译,重庆出版社 2015 年版。

[14][意]约翰奈斯·艾赫拉特:《丑闻的力量:大众传媒中的符号学》,宋文译,四川大学出版社 2016 年版。

[15][英]E.H.卡尔:《历史是什么》,陈恒译,商务印书馆 2009 年版。

[16][英]法兰奇:《镜里看中国:从鸦片战争到毛泽东时代的驻华外国记者》,张强译,中国友谊出版公司 2011 年版。

[17]《列宁选集》,人民出版社 2012 年版。

[18]《大公报一百周年报庆丛书》编委会:《大公报一百年社评选》,复旦大学出版社 2002 年版。

[19]《四川省纪念抗日战争胜利四十周年学术讨论会论文暨史料选》编:《四川省纪念抗日战争胜利四十周年学术讨论会论文暨史料选》,四川省社会科学院出版社 1985 年版。

[20]《文史资料选辑》编辑部编:《文史资料选辑合订本》,中国文史出版社 2000 年版。

[21]包天笑:《钏影楼回忆录》,中国大百科全书出版社 2009 年版。

[22]蔡斐:《重庆近代新闻传播史稿(1897—1949)》,重庆出版社 2017 年版。

[23]蔡铭泽:《中国国民党党报历史研究(1927—1949)》,团结出版社 1998 年版。

[24]蔡晓滨:《幽暗的航行》,中国海洋大学出版社 2008 年版。

[25]曾宪明:《中国近现代报人与报业》,武汉出版社 2008 年版。

[26]陈布雷:《陈布雷回忆录》,岳麓书社 2018 年版。

[27]陈纪滢:《陈纪滢文存》,华龄出版社 2011 年版。

[28]陈嘉庚:《南侨回忆录》,(新加坡)南洋印刷社 1946 年版。

[29]陈力丹:《马克思主义新闻观教程》,中国人民大学出版社 2011 年版。

[30]陈为:《一本正经》,中国发展出版社 2014 年版。

[31]程曼丽、乔云霞主编:《中国新闻传媒人物志》,长城出版社 2014 年版。

[32]程其恒等编:《记者经验谈》,桂林铭真出版社 1943 年版。

[33]董霖:《六十载从政讲学》,台湾商务印书馆 1991 年版。

[34]方汉奇主编:《中国新闻事业通史》,中国人民大学出版社 1996 年版。

[35]方明:《抵抗的中国:外国记者亲历的中国抗战》,团结出版社 2017 年版。

[36]复旦大学学新闻系研究室编:《邹韬奋年谱》,复旦大学出版社 1982 年版。

[37]傅国涌:《帝国尽头是民国》,厦门大学出版社 2015 年版。

[38]戈公振:《中国报学史》,生活 · 读书 · 新知三联书店 1986 年版。

[39]顾国华编:《文坛杂忆全编》,上海书店出版社 2015 年版。

[40]顾执中:《战斗的新闻记者》,新华出版社 1985 年版。

[41]广东省东莞市政协主编:《张荫麟先生纪念文集》,汉语大词典出版社 2002 年版。

[42]郭沫若:《郭沫若全集》,人民文学出版社 1982 年版。

[43]韩辛茹:《新华日报史》,中国展望出版社 1987 年版。

[44]胡道静:《新闻史上之新时代》,世界书局 1946 年版。

[45]胡太春:《中国报业经营管理史》,山西教育出版社 1999 年版。

[46]黄立人、郑洪泉:《论国民政府迁都重庆的意义与作用》,《民国档案》1996 年第 2 期。

[47]黄天鹏:《中国报纸联合版的试验重庆各报联合版的创办》,《天庐论丛——黄天鹏先生执教四十年纪念文集》,(台北)黎明文化事业股份有限公司 1981 年版。

[48]解玺璋:《张恨水传》,北京出版社 2018 年版。

[49]金冲及主编:《毛泽东传(1893—1949)》,中央文献出版社 1996 年版。

[50]李纯青:《笔耕五十年》,生活·读书·新知三联书店 1994 年版。

[51]李金铨:《超越西方霸权——传媒与“文化中国”的现代性》,香港牛津大学出版社 2004 年版。

[52]林枫主编:《我眼中的领袖们》,中央文献出版社 1999 年版。

[53]刘大年:《赤门谈史录》,人民出版社 1983 年版。

[54]刘以鬯:《寺内》,中国文联出版公司 1995 年版。

[55]罗宣:《在梦想与现实之间——鲁斯与中国》,人民出版社 2005 年版。

[56]罗珍:《中国知识精英外交思想研究——以抗战时期为考察中心》,上海大学出版社 2010 年版。

[57]马光仁主编:《上海新闻史》,复旦大学出版社 1996 年版。

[58]马艺:《中国新闻传播史论》,新华出版社 2007 年版。

[59]《毛泽东新闻工作文选》,新华出版社 2014 年版。

[60]南方局党史资料征集小组编:《南方局党史资料》,重庆出版社 1990 年版。

[61]潘洵:《抗日战争时期重庆大轰炸研究》,商务印书馆 2013 年版。

[62]潘梓年等:《新华日报的回忆》,重庆人民出版社 1959 年版。

[63]齐文编:《外国记者眼中的延安及解放区》,历史资料供应社 1946 年版。

[64]齐武:《抗日战争时期工人运动史稿》,人民出版社 1986 年版。

[65]钱进:《作为流动的职业共同体:驻华外国记者研究》,上海交通大学出版社 2015 年版。

[66]邱沛篁等主编:《新闻传播百科全书》,四川人民出版社 1998 年版。

[67]任毕明:《战时新闻学》,光明书局 1938 年版。

[68]任文主编:《国际友人在延安》,陕西师范大学出版总社有限公司 2014 年版。

[69]荣孟源、孙彩霞编:《中国国民党历次代表大会及中央全会资料》,光明日报出版社 1985 年版。

[70]邵志择:《近代中国报刊思想的起源与转折》,浙江大学出版社 2011 年版。

[71]施康强:《漂泊西南天地间文丛》,中央编译出版社 2001 年版。

[72]石西民:《时代鸿爪》,新华出版社 1985 年版。

[73]石西民:《新华日报的回忆续集》,四川人民出版社 1983 年版。

[74]史全生主编:《中华民国经济史》,江苏人民出版社 1989 年版。

[75]宋素红:《女性媒介:历史与传统》,中国传媒大学出版社 2006 年版。

[76]苏立等:《新闻采访学》,中国传媒大学出版社 2015 年版。

[77]孙本文:《现代中国社会问题》,商务印书馆 1942 年版。

[78]谭元亨:《潘氏三兄弟》,北京十月文艺出版社 1992 年版。

[79]唐润明:《关于抗日战争时期“重庆大轰炸”研究的几个问题》,《民国档案》2014 年第 4 期。

[80]唐润明:《衣冠西渡——抗战时期政府机构大迁移》,商务印书馆2015年版。

[81]唐振常:《唐振常文集》,上海社会科学院出版社2013年版。

[82]陶希圣:《潮流与点滴》,中国大百科全书出版社2009年版。

[83]汪耀华编著:《中国近现代出版法规章则大全》,上海书店出版社2018年版。

[84]王爱枝:《当惊世界殊:毛泽东与国际人士的交往》,山西人民出版社2014年版。

[85]王成志:《北美藏中国抗日战争历史档案文献提要》,复旦大学出版社2017年版。

[86]王洪钧:《新闻理论的中国历史观》,(台北)远流出版公司1998年版。

[87]王继先:《坚守与徘徊:新闻人马星野研究》,南京师范大学出版社2018年版。

[88]王群生:《中日学者"重庆大轰炸"论文集》,中国三峡出版社2004年版。

[89]王晓岚:《喉舌之战——抗战中的新闻壁垒》,广西师范大学出版社2001年版。

[90]王新常:《抗战与新闻事业》,商务印书馆1938年版。

[91]王芸生:《六十年来中国与日本》,生活·读书·新知三联书店1982年版。

[92]王芸生:《芸生文存》,大公报馆1937年版。

[93]王芝琛:《一代报人王芸生》,长江文艺出版社2004年版。

[94]魏宏运:《抗日战争与中国社会》,天津人民出版社2017年版。

[95]吴廷俊:《新记〈大公报〉史稿》,武汉出版社2002年版。

[96]吴相湘:《第二次中日战争史》,(台北)综合月刊社1973年版。

[97]吴玉英等编:《〈新华日报〉的回忆》,四川人民出版社1979年版。

[98]徐乃翔:《文学的"民族形式"讨论资料》,广西人民出版社1986年版。

[99]重庆市文史研究馆编:《陪都星云录》,上海书店出版社1994年版。

[100]许纪霖:《中国知识分子十论》,复旦大学出版社2003年版。

[101]杨天石:《找寻真实的蒋介石》,山西人民出版社2008年版。

[102]袁冬林:《浦熙修:此生苍茫无限》,大象出版社2002年版。

[103]袁佳红、王志昆、曾妍主编:《中国战时首都档案文献》,西南师范大学出版社2017年版。

[104]张成明:《重庆抗战时期民主党派史》,重庆大学出版社2015年版。

[105]张功臣:《外国记者与近代中国(1840—1949)》,新华出版社1999年版。

[106]张恨水:《魍魉世界》,北岳文艺出版社1993年版。

[107]张恨水:《张恨水说重庆》,四川文艺出版社2007年版。

[108]《张恨水散文全集:最后关头》,时代文艺出版社2015年版。

[109]张季鸾:《抗战与报人》,《季鸾文存》第二册,《民国丛书》第一编(98),上海书店出版社1989年版。

[110]张瑾:《抗战时期中国共产党在重庆的舆论话语权研究》,重庆出版社2015年版。

[111]张瑾:《陪都岁月:重庆时期的宋美龄研究》,东方出版社2018年版。

[112]张鸣、吴静妍主编:《外国人眼中的中国》,吉林摄影出版社2000年版。

[113]张友渔:《报人生涯三十年》,重庆出版社 1982 年版。

[114]张占国、魏守忠编:《张恨水研究资料》,知识产权出版社 2009 年版。

[115]赵敏恒:《采访十五年》,重庆天地出版社 1944 年版。

[116]郑光路:《被遗忘的抗战史:四川大抗战》,四川人民出版社 2015 年版。

[117]郑新如、陈思明:《〈群众〉周刊史》,中共党史出版社 1998 年版。

[118]中共中央文献研究室、中央档案馆编:《建党以来重要文献选编(一九二一——一九四九)》,中央文献出版社 2011 年版。

[119]中国人民政治协商会议甘肃省兰州市委员会文史资料研究委员会编:《兰州文史资料选辑》,1983 年。

[120]中国人民政治协商会议全国委员会文史资料研究委员会编:《革命史资料》,文史资料出版社 1984 年版。

[121]中国人民政治协商会议陕西省榆林市委员会编:《张季鸾先生纪念文集》,陕西人民教育出版社 1991 年版。

[122]中国人民政治协商会议四川省重庆市委员会文史资料研究委员会编:《重庆文史资料选辑》,1980 年。

[123]中国人民政治协商会议重庆市委员会文史资料委员会编:《重庆文史资料》,西南师范大学出版社 1996 年版。

[124]中国人民政治协商会议重庆市渝中区委员会文史资料委员会:《重庆市渝中区文史资料》,2006 年。

[125]中国现代史资料编辑委员会:《抗日战争时期国民党统治区情况资料》(内部资料翻印),1957 年。

[126]中国延安干部学院编:《延安时期大事记述》,中央文献出版社 2014 年版。

[127]中央档案馆编:《中共中央文件选集》,中共中央党校出版社1991年版。

[128]重庆、成都《新华日报》《群众》周刊史学会编:《新华之光——〈新华日报〉〈群众〉周刊史学术研讨论文集》,重庆出版社1993年版。

[129]重庆市档案馆、中国第二历史档案馆编:《白色恐怖下的新华日报国民党当局控制新华日报的档案材料汇编》,重庆出版社1987年版。

[130]重庆市政协文史资料委员会、中共重庆市委党校、红岩革命纪念馆编:《抗战时期国共合作纪实》上卷,重庆出版社2016年版。

[131]《周恩来统一战线文选》,人民出版社1984年版。

[132]周开庆:《民国川事纪要》,四川文献研究社1974年版。

[133]周开庆:《四川与对日抗战》,台湾商务印书馆1971年版。

[134]周勇:《重庆抗战史》,重庆出版社2005年版。

[135]周雨:《王芸生》,人民日报出版社1996年版。

[136]周雨编:《大公报人忆旧》,中国文史出版社1991年版。

[137]朱寿桐主编:《中国新文化百年通史》,南京师范大学出版社2017年版。

[138]邹嘉骊编:《忆韬奋》,生活·读书·新知三联书店2015年版。

后　　记

每到付梓之际，让我颇为头疼的事情就是写好后记。对于后记部分，恐怕大部分读者对此充满期待。然而，如何写出这本书的后记，一直难以下笔。在这个过程中，我常常感到仿佛在挤牙膏，勉强写下几行字。尽管如此，我还是努力克服了这个困难，勉力书写了一点后记内容。虽然后记可能只是几行简短的文字，但它代表着我对这本书的总结和反思。因此，我希望读者能够对这个后记持有宽容和理解的态度。尽管它可能略显简短，但它是我对这本书的真诚心声。对于那些期待更多的读者，我深感抱歉，我尽力而为，但在这个环节上仍有所不足。

近年来，我从服务地方文化事业大局出发，研究旨趣转向重庆地方史，这使得我混迹于该领域之中，但产出并不多。具体来说，我发现自己对重庆地方历史的探索和了解还远远不够，这让我感到自己在该领域的研究还有很大的提升空间。尽管如此，我仍然坚持不懈地努力学习和研究重庆地方史，希望能够在未来的日子里，为重庆地方文化事业做点事情。

这本书是重庆市社科结项报告，因此必须按照申报课题要求进行撰写。当然，这本书还存在一些不足之处，敬请学界批评指正。在这本书的撰写过程中，我经历了许多挑战和困难。如何将抗战时期重庆报人群体这个复杂而丰富的历史呈现出来，是一个非常具有挑战性的问题。我花费了大量的时间和精力，阅读了大量的历史文献和学术论文，进行了相关研究，才逐渐对这个群体有了更深入的了解。

在研究过程中，我还发现了一些有趣的历史细节和人物故事，这些内容不仅丰富了本书的叙事，也为我深入了解这个群体的历史背景和文化特征提供了重要的线索。

同时，我也意识到这本书还存在一些不足之处。首先，由于历史资料的限制，一些人物的形象还不够完整，需要进一步补充和深入研究。其次，对于这个群体的心理变化和社会背景的描述还不够深入，需要进一步加强分析和论述。

在这期间，因为家庭变故，我亲爱的母亲贺秀林女士因病去世，这给我的撰写工作带来了巨大的冲击。母亲，是这世界上永远不会伤害自己又爱着自己的人。她是我生命中最坚实的后盾，也是我永远的依靠。她教会我勇敢面对困难，给予我信心和力量。她为我的梦想鼓励加油，为我的成就感到骄傲。

然而，由于母亲的突然离去，我陷入了巨大的悲痛之中，撰写工作因此一度停滞。但是，尽管如此，我仍然努力克服困难，临近课题的结项时间，我匆忙地将报告完成并提交，以使其成书。

最后，要感谢我的朋友蔡斐兄，他提供了典型人物研究的思路，为本书撰写得以完成找到一把开门钥匙。在写作过程中，我非常感激李铁锤兄的不断支持和鼓励。他耐心地倾听我分享自己的创作过程，无论是在深夜还是在凌晨，他总是随时准备着提供帮助和建议。他的鼓励和支持给了我巨大的动力和信心，让我能够继续前进并完成这本书的写作。同时也要感谢我的研究生易娇、韩霜、向荣、关雨柔、苟雅婷、陈振川、曹晋渝、龙艳等同志，他们为本书的文字校对付出了辛苦劳动。

此外，我还要感谢学院卢春老师、裴永刚兄和人民出版社刘永红兄，为本书的出版忙前忙后，提供了许多帮助和支持。

总之，这本书的完成离不开众多人的帮助和支持，我希望通过后续的研究和探讨，能够进一步完善和深化对于抗战时期重庆报人群体的理解和认识。同时，也希望能够与更多的学界同人共同探讨和分享这个历史时期的新闻传播和文化交流的珍贵经验。

2023 年仲夏于山城重庆

责任编辑:王彦波
封面设计:汪　阳

图书在版编目(CIP)数据

抗战时期重庆的报人群体生存研究/刘大明 著. —北京:人民出版社,2024.9
ISBN 978-7-01-026393-9

Ⅰ.①抗… Ⅱ.①刘… Ⅲ.①报纸-新闻工作者-生存-状态-研究-重庆-1931-1945 Ⅳ.①K825.42

中国国家版本馆 CIP 数据核字(2024)第 049900 号

抗战时期重庆的报人群体生存研究

KANGZHAN SHIQI CHONGQING DE BAOREN QUNTI SHENGCUN YANJIU

刘大明　著

人民出版社 出版发行
(100706　北京市东城区隆福寺街 99 号)

北京九州迅驰传媒文化有限公司印刷　新华书店经销

2024 年 9 月第 1 版　2024 年 9 月北京第 1 次印刷
开本:710 毫米×1000 毫米 1/16　印张:12.25
字数:166 千字

ISBN 978-7-01-026393-9　定价:59.00 元

邮购地址 100706　北京市东城区隆福寺街 99 号
人民东方图书销售中心　电话 (010)65250042　65289539